포브스 100대기업 인재들의 취업 공식

포브스 100대 기업 인재들의 취업 공식

초판 1쇄 발행 2018년 9월 26일

지은이 김민규
발행인 안유석
편집장 이상모
편　집 전유진
표지디자인 박무선
펴낸곳 처음북스, 처음북스는 (주)처음네트웍스의 임프린트입니다.

출판등록 2011년 1월 12일 제 2011-000009호
전화 070-7018-8812 팩스 02-6280-3032
이메일 cheombooks@cheom.net

홈페이지 cheombooks.net 페이스북 /cheombooks
트위터 @cheombooks
ISBN 979-11-7022-162-3 03320

* 잘못된 서적은 교환해 드립니다.
* 가격은 표지에 있습니다.

김민규 지음

포브스 100대 기업 인재들의 취업 공식

처음북스

3장: 글로벌 기업에 입사하는 인재들의 비밀

4장: 글로벌 인재들은 기본에 집중한다

Intro

대학교 4학년. 마지막 학기였는데도 이상하게 취업을 자신하고 있었다. 대기업 정도는 무난하게 입사할 수 있다는 생각에 별다른 준비를 하지 않고 대학 시절을 보냈다. 학교를 졸업하면서 남은 것은 학점 2.8과 토익 900점이 전부였다. 그러나 정말 창피하게도 취업을 시도한 경험이 없어 2.8이라는 학점이 얼마나 부족한 점수인지 전혀 인지하지 못했다. 주변 선배들이 큰 무리 없이 대기업에 취업했으니 나 역시 다르지 않으리라 생각했다. 성급한 일반화의 오류에 빠진 꼴이다.

이제 취업 준비를 시작해야겠다는 생각에 학교에서 진행한 삼성물산 캠퍼스 리쿠르팅에 참여했다. 부스에 있는 선배님에게 간단하게 자기 소개를 하고 학점과 토익 점수를 말하니 학점은 매우 낮지만 토익 점수와 전공 특수성이 있어서 지원할 수 있다고 했다. 그러나 일주일 정도 후에 삼성에서 온 메일에는 학점이 3.0이 되지 않으므로 기본적인 지원 자격조차 없다는 말이 적혀 있었다. 이때 처음으로 내 학점이 얼마나 심각한지 깨달았고, 전략적으로 취업을 준비하지 않으면 원하는 기업에 들어가기 어려움을 알았다.

문제의 심각성을 인지하고 많은 대기업에 지원했으나 삼성에서 그랬듯이 서류 지원부터 연거푸 탈락만 되풀이할 뿐이었다. 곧바로 나만의 준비 방법이 필요하다고 판단했고, 계획을 수정했다. 면접을 언제 볼지 모르지만 그 기회가 왔을 때 절대 놓치지 않겠다며 최대한 면접 경험을 늘리는 쪽으로 방향을 잡았다.

그리고 사람인, 피플앤잡 사이트에 들어가서 중소기업을 포함해 수십 개의 회사에 서류 지원을 하기 시작했다. 워낙 다양한 회사에 많이 지원하다 보니 최소 절반 정도 서류가 통과됐고, 면접을 보러 오라는 연락을 받았다. 이렇게 1, 2, 3차 면접에 이르기까지 실제로 경험해가며 원하는 만큼 충분히 부족한 부분을 채웠다. 이 방법을 지속하자 면접을 보면 어느 정도는 기대 이상의 결과가 반복적으로 나왔다. 마침내 몇 개월 후에는 생각하는 조건에 부합하는 회사에 취업까지 성공했다.

총 15년간 한국파렛트풀, 보스턴사이언티픽, 존슨앤드존슨, 올림푸스, 와이브레인 등 외국계 기업, 국내 기업, 벤처 기업 등 다양한 회사에서 다양한 기업 문화를 직접 경험했다. 특히 와이브레인에서는 국내와 해외를 전체 총괄해 투자, 영업, 마케팅, 제품 개발까지 다양한 업무를 진행하는 임원으로 일했다. 다양한 경험을 하면서 소위 SKY 출신이나 해외 MBA 출신 경쟁자 사이에서 살아남으려고 치열하게 노력했고, 다른 관점을 키워왔다.

다행히 이렇게 다른 관점을 가지려는 노력이 성과와 이직 그리고 승진으로 이어졌다. 하지만 가슴속에는 항상 진정한 커리어 멘토Career Mentor를 일찍 만났다면 좁은 시각에서 벗어나 넓고 다양하게 커리어를 효과적으로 설계하고 집중할 수 있었을 텐데, 하는 아쉬움이 남는다.

그래서인지 주변 선후배가 커리어 상담을 요청하면 다양한 회사를 다니며 폭넓은 업무 경험을 한 배경을 바탕으로 커리어 컨설팅을 해줬다. 처음에는 취미로 시작했는데, 우연한 기회에 2014년에 건국대학교 경영대학생을 대상으로 외국계 취업 관련 강의를 하게 됐다. 실제 경험담과 사례를 이야기해서인지 학생들과 학교로부터 좋은 평가를 받았다. 이 일을 계기로 2018년 현재까지 다양한 국내 및 외국계 대학교에서 외국계 기업 취업 컨설팅을 진행하고 있다.

강의를 하면서 나는 대학생들이 외국계 기업에 취업할 가능성이 충분히 있는데도 막연하게 두려워하고 동경만 하고 있다는 것을 알았다. 오히려 국내 대기업보다 외국계 기업에 훨씬 더 많은 기회가 있는데도 불구하고 정보의 비대칭성 때문인지 학생들은 전혀 인지하지 못하고 있었다.

흔히 '외국계 기업' 하면 구글, 애플, 코카콜라, 나이키, P&G, 존슨앤드존슨처럼 대중적으로 알려진 소비재 기업만 떠올린다. 하지만 일반인에게는 생소하지만 전 세계에서 수조 원의 매출을 내는 링크드인, 넷플릭스, 지멘스, 매드트로닉, GSK, 칼자이스, 누스킨 같은 알짜배기 기업이 꽤 많다. 안타깝게도 많은 학생이 정보가 충분하지 않아 경쟁률이 치열한 유명 기업만 바라보고, 지원하고, 탈락하는 악순환을 겪고 있다. 잘 모르는 글로벌 알짜배기 기업에 전략적으로 지원한다면 더 좋은 근무 환경과 더 글로벌한 경력을 얻을 기회에 충분히 동참할 수 있는데 말이다.

글로벌 외국계 취업에 왜 관심을 가져야 하는가?

첫째, 비교적 높은 연봉, 좋은 근무 환경 그리고 매력적인 복지를 제공한다.

둘째, 학교, 학점, 토익, 인턴십 경험에 크게 치중하지 않고 지원자의 유연한 사고와 경험을 높게 평가한다.

셋째, 해외 지사 직원과 같이 일할 수 있으므로 글로벌한 경험을 할 기회가 있다.

넷째, 스스로 성장할 수 있도록 회사가 글로벌 트레이닝 프로그램을 제공한다.

외국계 기업에 입사하려면 어떤 준비를 해야 하는가?

첫째, 자신의 현재 위치와 장단점을 파악하고 원하는 회사나 분야를 정확하게 정해야 한다.

둘째, 원하는 외국계 기업의 인사과 및 실무팀이 어떤 인재를 원하는지 정확하게 파악해야 한다.

셋째, 입사를 희망하는 기업에 취업하기 위한 로드맵, 즉 인턴십, 서류, 면접 등의 과정을 잘 그려야 한다.

넷째, 회사 리서치, 선배, 헤드헌터, 취업 지원센터 등 다양한 채널에서 부족한 부분을 채워가야 한다.

외국계 기업에 취업하겠다고 자기소개서와 이력서 그리고 면접에만 집중하면 좋은 결과를 얻기 쉽지 않다. 학생들 대다수가 똑같은 방법으로 준비하므로, 면접관이 보기에 차별성이 현저하게 떨어지기 때문이다. 면접관은 지원자 간 차별성이 없을 때는 그중 스펙이 높은 지원자에게 높은 점수를 준다. 조금 더 성실하게 일하리라는 판단 때문이다.

하지만 외국계 기업에 근무한 내 경험에 비춰보면 회사 직원 중 20퍼센트 정도는 언제나 지방대 출신이었다. 그렇다면 이 20퍼센트의 직원들은 어떻게 입사할 수 있었을까? 이들은 인사과 및 실무팀이 원하는 인재상과 100퍼센트 일치할까? 그리고 비록 현재 스펙이 조금 부족해도 내가 원하는 기업에 취업할 수 있는 전략은 없을까?

취준생으로 시작해서 현직 임원이 되기까지 15년간 실제로 직접 경험한 사례를 바탕으로 위 질문에 명확히 대답하려 한다. 이 책을 통해 많은 취준생의 궁금증이 해결되고 또 널리 공유되기를 바란다.

1장

취업의 관점을 디자인하라

1.
취준생들이 가장 많이 묻는 질문 베스트 10

2015년, 중국 알리바바의 CEO 잭 마윈은 KBS와 인터뷰하며 사람들이 흔히 간과하는 가장 중요한 질문 세 가지를 이야기했다. 그 세 질문은 아래와 같다.

첫째, 무엇을 원하는가?
둘째, 무엇을 버릴 것인가?
셋째, 무엇을 갖고 있는가?

취업 준비도 마찬가지다. '무엇을, 어떻게, 왜 준비해야 하는지' 같은 큰 틀을 잡고 준비해야 한다. 그런 의미에서 취업 강의 중 내가 자주 들은 질문이자 학생들이 가장 혼란스러워 하던 질문 10가지를 뽑았다. 이 질문의 답을 다른 취업 강의나 컨설턴트 혹은 인사과에서 알려주지 않아 많이 물어 본 듯하다. 이 10가지 질문에 대답하며 취업의 본질을 풀어가보자.

1. 토익 점수와 유효기간

토익이 900점이 넘는다면 그 이상의 점수는 큰 변별력이 없다고 보면 된다. 저자가 외국계 기업에 근무한 경험에 비춰보면 토익 990점이라고 면접에서 가산점을 주거나 지원자를 더 호감 가는 눈으로 쳐다보는 경우는 전혀없다. 조금 과장해서 말한다면 토익시험은 학점처럼 성실성을 엿볼 수 있는 정량적인 숫자에 불과하다.

얼마 전 한 학생이 오픽과 토익 중 뭐가 중요하냐고 나에게 질문을 했는데, 둘 중 자신이 있는 시험으로 하나만 제대로 준비하면 된다고 답했다. 원하는 회사가 입사요건에 중요하다고 공지한 것이 있다면 필요한 시험만 추가로 준비하면 된다.

그리고 토익 점수 유효기간을 궁금해하는데, 기간이 지났더라도 해당 시험 점수 중 가장 높은 것을 제출하면 된다. 나중에 인사과에서 유효기간이 지난 것 말고 유효기간 내의 점수를 달라고 할지도 모르는데 그때 유효한 기간에 가장 고득점을 받은 결과를 제출하면 된다. 공기업 또는 공무원이 아니면 일반적인 기업은 영어

시험의 유효기간을 크게 중요하게 생각하지 않는다. 토익 점수의 유효기간은 지속적으로 많은 사람이 시험을 보러 오게 하려는 시험회사의 상술일지도 모른다.

2. 학점에 대해

학점은 크게 4.0 이상, 3.5 이상, 3.0 이상, 3.0 미만으로 나뉜다. 각 기준 내에서는 점수가 조금 달라도 큰 차이가 없다. 취업 때문에 0.1~0.2점을 높이려는 노력은 생산적이지 않다. 예를 들어 학점이 3.5인 학생이 마지막 학기에 열심히 노력해서 3.7을 받더라도 이것이 입사에 중요하게 작용하는 일은 거의 없다. 그 시간에 부족한 부분을 보강하거나 다른 경험을 하는 편이 훨씬 낫다. 또한 학점이 4.0 이상이어도 회사는 큰 의미를 부여하지 않는다. 다른 지원자보다 조금 더 성실하다고 볼 수 있는 근거가 될 뿐이다. 3.5 이상이 학점의 평균 점수대다.

면접관은 경험이 전혀 없는 학점 4.0보다 다양한 인턴십 및 경험을 하려고 노력한 학점 3.5를 더 선호한다. 물론 학점이 4.0이 넘는데 다양한 경험까지 한 학생이 있다면 그쪽을 선호하겠지만 말이다. 높은 학점도 좋지만 대학원을 준비하거나 학계로 진출할 생각이 아니라면 사고의 폭을 넓힐 수 있는 다양한 경험을 하는 쪽을 추천한다. 여러분이 회사의 대표라면 어떤 지원자를 원할지 역지

사지해서 고민해보면 명확히 정리가 될 것이다.

하지만 학점이 3.0 미만이면 대기업을 지원하는 데 걸림돌이 되기 때문에 최소 3.0은 받아야 한다. 나는 최종 학점이 2.8이었기에 대기업에 지원하기가 많이 힘들었다. 물론 학점이 2점대여도 극복 방안이 없는 것은 아니다. 하지만 장벽이 워낙 많으므로 3.0에는 맞출 것을 적극 권장한다.

3. 외국계 기업에 지방대생이 입사 가능한가요?

흔히 외국계 기업에는 스펙 좋은 학생만 입사할 수 있다고 생각한다. 이 편견은 반은 맞고 반은 틀리다.

이전에는 외국계 기업이 해외 유명대학과 서울대, 연대, 고대 졸업생들을 국내 대기업보다 훨씬 더 많이 채용했다. 하지만 학벌이 좋은 학생이 꼭 좋은 인재는 아니라는 것을 경험으로 습득했고, 덕분에 외국계 기업은 국내 대기업과 달리 학벌에 대한 사고가 개방적이 됐다.

2018년 현재 존슨앤드존슨의 사장이자 2014년 당시는 부서장이던 이사님에게 원하는 인재상이 무엇인지 물어본 적이 있다. 이사님은 "학벌은 중요하지 않고, 스토리텔링이 있는 인재가 더 회사에 필요합니다"라고 대답했다. 실제로 존슨앤드존슨을 포함해 여러 외국계 기업 입사자의 지방대생 비율은 15~20퍼센트 이상이다. 내가 다양한 회사를 다니며 직접 목격한, 틀림없는 사실이다. 즉, 지방대생도 글로벌 대기업에 충분히 입사 가능하다는 말이다. 여러분의 생각과 달리 외국계 기업 상당수가 학벌과 무관하게 모든 인재에게 기회를 열어놓고 있다.

물론 일부 컨설팅 및 투자 관련 회사는 아직도 스펙을 매우 중요하게 생각한다. 특히 국내에서 근무하는 인원이 많지 않은 엑손모빌 같은 회사는 직원 한 명 한 명이 큰 역할을 맡아야 하기에 지원자의 스펙을 매우 중요하게 생각한다. 그러므로 지원하는 회사가 중요하게 생각하는 역량과 최소한의 스펙 정도는 파악하고 전략적으로 취업 준비에 임해야 한다.

4. 자기소개서는 어떻게 써야 하나요?

자기소개서는 크게 성장 과정, 장단점, 비전 그리고 지원 사유까지 네 개의 단락으로 구성하면 된다. 한 개의 단락에 하나의 핵심 내용을 넣어 집중적으로 강조하면 충분하다. 단, 그 핵심 내용을 백업할 수 있는 내용도 각 단락에 함께 넣어야 한다. 자기 경험 이야기가 가장 좋다.

면접 또는 서류를 심사하다 보면 한 단락에 너무 많은 메시지를 넣으려 하고 장점만 나열하기에 급급한 지원자를 종종 볼 수 있다. 이러면 자기소개서가 한눈에 들어오지 않는다. 내가 사람을 뽑을 때는 인사과에서 받은 자소서를 하나당 2~3초 정도만 읽었다. 수십 명의 이력서를 봐야 하기 때문이다. 즉, 여러분은 면접관의 눈을 2초 안에 사로잡아야 한다.

정리해서 말하면, 성장 과정에서 리더십을 강조하고 싶으면 리더십이라는 키워드로 시작하고 그 주장을 뒷받침할 만한 단 하나의 스토리만 추가하면 된다. 하나의 단락에 아주 많은 장단점을 나열하는 지원자는 능력이 부족해서 떨어지기보다 자신의 매력을 자소서로 보여주지 못해서 떨어진다. 말하고 싶은 내용이 많더라도 하나씩 면접관의 눈높이에서 말해줘야 면접관이 여러분을 이해할 수 있다는 점을 염두에 두고 작성하자.

5. 면접에만 가면 떨려요. 어떻게 준비하면 좋을까요?

내가 만약 IT 기업에 관심이 있다면 크게 네 가지 기업군의 면접 준비를 할 것이다. 첫 번째는 글로벌 IT 기업인 구글, IBM이다. 두 번째는 국내 기업 중 네이버, 카카오다. 세 번째는 관련 기업 중 중견기업에, 마지막으로는 중소기업과 벤처기업에 지원할 것이다.

이처럼 면접볼 기업의 범위를 정한 후 연습 대상이 될 수 있는 업체부터 면접을 진행하면 좋다. 물론 면접을 준비하는 순서는 중소기업, 벤처기업, 중견기업 그리고 대기업 순이다. 내가 정말 가고자 하는 기업에 서류를 지원하거나 면접을 보기 전에 실수해도 괜찮은 조그마한 기업의 면접부터 시작하라. 이 책을 보는 중소기업 담당자에게는 미안하다. 하지만 자본주의 경쟁 사회에서는 누구도 여러분을 키워주지 않는다. 내가 필요하면 들이대서 연습 기회를 많이 만들어야 한다.

다른 산업군도 이와 같은 순으로 준비하면 된다. 지원과 취업 준비에도 전략이 필요하다. 이런 노력을 하고 입사한 사람들은 단순히 취업 준비만 한 사람에 비해 어떤 업무를 맡더라도 일할 줄 알고 실행할 줄 아는, 글로벌한 인재가 될 준비를 한 사람들이다. 지금 하고 있는 취업 준비를 단순히 취업 준비로만 받아들이지 마라. 노력과 전략 그리고 실행이 입사 후에도 여러분을 성장의 기회로 안내할 것이기 때문이다.

6. 인턴십에서 무엇을 배워야 하나요?

보통 대기업에서 인턴십을 하면 좋은 점 두 가지는 해당 회사에 정직원으로 일할 기회를 얻을 수 있다는 것과 실무를 배울 수 있다는 것이다. 하지만 매우 어렵게 인턴십 합격이라는 티켓을 받아도 근무 기간 동안 일을 제대로 배우기는 쉽지 않다. 인턴을 배정받은 부서에서는 자기 일을 하면서 인턴도 챙겨줘야 하는데, 바쁜 와중에 인턴까지 신경 써주기 어렵기 때문이다. 일을 알려주느니 차라리 직원이 빨리 일을 끝내는 편이 낫다. 게다가 실질적으로 인턴십

교육 커리큘럼을 제대로 갖춘 회사는 매우 적다.

그러니 인턴십 기간 동안 두 가지만 꼭 기억하자. 첫째, 인턴십 기간은 회사에서 학생이 어떤 인재인지 지켜보는 기간이면서 동시에 학생이 회사의 업무와 기업 문화를 보고 자신에게 맞는 회사인지 파악하는 기간이기도 하다. 둘째, 인턴이라면 능동적으로 하나라도 더 배우겠다는 적극성이 매우 필요하다. 회사에서 지시하는 업무 외에도 자발적으로 더 많이 물어보고 더 많이 들어야 한다. 물론 직원들은 바쁘지만, 하나라도 더 배우고 싶어 하는 인턴이라면 도와주려는 마음이 생기기 마련이다.

그리고 회사에서 적극적으로 도움을 요청했을 때 대답해준 직원들이 여러분의 네트워크에 포함된다. 설령 그 회사에 입사할 수 없게 되더라도, 이렇게 네트워크에 속한 직원은 큰 힘이 된다. 이들은 대부분 다른 대기업을 다니는 직장인 선후배를 가지고 있으므로, 여러분의 열정이 더 좋은 기회로 이어질 수도 있다. 나도 외국계 기업에 재직할 때 만난 인턴과 지금까지도 연락하고 있으며 필요한 경우에는 도움을 주고 있다. 이 정도로 열정이 있는 인턴은 얼마 없기에 여러분이 제대로 실행한다면 기회가 될 것이다.

7. 취업 스터디 모임이 정말 도움이 되나요?

취업 스터디는 원하는 회사에 입사하는 유효한 준비 방법일 수도 있지만 아닐 수도 있다. 취업 준비를 혼자 하기 쉽지 않다며 함께 준비하는 학생을 많이 보았다. 하지만 취업과 무관하게 스터디 자체에 만족하며 스터디가 끝나는 경우 역시 많다. 만약 취업을 어떻게 준비하는지 아무것도 모르다면 스터디가 도움이 될 수 있다. 하지만 일정 수준 이상 준비를 한 학생이라면 취업 스터디를 할 때 아래 두 가지 사항을 반드시 염두에 두어야 한다.

첫째, 스터디 멤버 구성이 좋아야 한다. 목표가 뚜렷하고 열정이 있는 멤버들이 모여야 한다는 뜻이다. 그리고 스터디 룰을 만들어야 한다. 멤버를 잘 짜고 룰을 만들어서 체계적으로 준비하는 분위기를 조성해야 한다. 항상 늦거나, 준비해야 할 것을 준비하지 않는 멤버가 있다면 정한 규칙에 따라 배제해야 한다.

둘째, 스터디를 이끌어 줄 현직자 멘토가 필요하다. 물론 현직자 멘토를 구하기는 쉽지 않다. 그러므로 전략을 짜야 한다. 멤버의 인맥을 총동원해서 각 멤버마다 대기업 또는 중견기업 이상을 다니는 현직자 선배와의 미팅을 최소 한두 번은 주선해야 한다. 만약 멤버가 다섯 명이라면 미팅 기회가 최소 열 번 생긴다. 보통 다들 바쁘므로 저녁 시간보다 점심 시간에 선배의 회사로 찾아가면 기회를 얻기 어렵지 않다.

이렇게 취준생이 체계적으로 준비하고, 나머지는 직접 발로 뛰면서 대기업 선배와 지속적으로 만나면 취업 스터디에서 이론과 실전의 갭을 훌륭하게 메울 수 있다.

8. 면접 때 자기소개, 어떻게 준비해야 할까요?

보통 면접을 시작하면 면접관은 지원자에게 자기소개를 하라고 요청한다. 지원자의 정보가 일치하는지 확인하고 자소서, 이력서를 다시 한 번 읽는 시간을 갖기 위해서다. 실제로 면접장에 지원자의 자소서 및 이력서를 꼼꼼하게 다 읽고 들어 오는 면접관은 거의 없다. 면접을 시작하면서 지원자에게 자기소개를 해달라 요청하고, 그때부터 자세하게 살펴보는 시간을 가지는 것이다.

자기소개 시간은 보통 1분 내외 정도가 가장 바람직하다. 너무 짧으면 준비가 안 된 듯해 성의가 없어 보인다. 반면에 너무 길면 지루하다. 면접관은 한 번에 여러 명의 지원자를 두세 시간씩 인터뷰하기 때문에 여러 지원자가 말한 매우 일반적인 이야기를 다시 듣다 보면 지원자의 말에 집중하기 어려워진다.

그러므로 1분 정도의 시간 동안 자신을 소개할 수 있도록 내용과 순서를 미리 정리해서 기승전결을 갖추고, 짧지만 꼼꼼하게 준비해야 한다. 보통 지원자는 자소서 내용을 토씨 하나 빼지 않고 다 말하려는 경향이 있는데, 학력, 경험 그리고 지원 사유 정도만 간단히 정리해서 편안하게 말하는 편이 좋다. 1분 자기소개는 첫

인상이나 마찬가지이므로 매우 중요하다. 나는 면접관으로 참여했을 때 지원자가 상투적이고 매력없게 자기소개를 하면 추후 질문을 거의 하지 않았다. 이처럼 자기소개는 지원자와 면접관이 소통하는 첫 커뮤니케이션이니 논리정연하게 군살 없이 준비해야 한다.

9. 취업은 언제부터 준비하면 되나요?

나는 취업 준비를 4학년 2학기 때부터 시작했다. 물론 판단을 잘못 내려 좌충우돌하다가 하지 말아야 실수를 너무 많이 한 아픈 기억이 있다. 하지만 여러분은 내 실수를 벤치마킹해 타산지석으로 삼아야 한다.

요즘은 실업률이 계속 증가하는 상황이라서 남들보다 조금 더 빨리, 3학년 때부터 취업 준비를 하라고 적극적으로 추천한다. 4학년 때부터 시작하기에는 학점, 토익, 취업세미나, 취업스터디 그리고 인턴십 지원 등 해야 할 것이 너무 많다. 많은 일을 한 번에 하면 무엇이 맞고, 어떻게 해야 하는지 방향성을 잡거나 고민할 시간이 없다. 그래서 준비를 제대로 하지 못하고 섣불리 조건만 맞는 회사에 들어가는 경우가 많다. 당장은 큰 문제가 없는 것처럼 보이지만, 1년 또는 2년이 지나면 얼마나 잘못된 선택을 했는지 깨닫는다. 하지만 이미 늦은 뒤다.

그러므로 3학년부터 준비하는 것이 좋다. 이때부터 주변 인맥을 총동원해서 다양한 산업에 재직 중인 선배들과 만나다 보면 예상 못한 기회를 찾을 수 있다. 주위에 선배가 별로 없다면 관심 있는 회사에서 아르바이트를 하는 것도 한 방법이다.

그리고 인턴은 4학년부터 할 수 있다고 많이들 생각하는데, 벤처 기업은 3학년도 충분히 지원할 수 있다. 단, 머리로 생각하고 인터넷에서만 찾을 것이 아니라 직접 회사에 방문하거나 전화로 물어보는 등의 발품을 팔아야 가능한 일이다. 이렇게 실제 경험을 해보고 산업군 및 직무를 이해하는 일부터 시작해야 한다.

10. 취업 준비를 어디서부터 시작해야 하는지 전혀 감이 안 와요.

수많은 글로벌 기업 취업박람회를 다녔는데도 어떻게 취업 준비를 해야 하는지 모르겠다는 학생이 많다. 그 이유를 생각해본 적 있는가? 대다수의 취업박람회는 기업 입장에서 어떤 인재를 좋아하는가와 회사 규정을 설명해주는 자리다. 즉, 취업을 어떻게 준비해야 하는지 기초가 전혀 없는 상태에서 회사가 말하는 인재상만 듣는 것이니 다양한 회사의 취업설명회에 가더라도 자리만 차지하고 있다가 돌아오는 경우가 태반이다. 그래서 많은 취업설명회에 참여했지만 막상 집으로 돌아와서 들은 것을 떠올려봐도 어떻게 준비해야 할지 감이 전혀 오지 않는다고 토로하는 것이다.

취업 준비는 크게 자아 분석, 직무 이해, 기업 리서치, 이력서, 자소서 그리고 면접의 6단계로 구성된다. 단계별 순서에 맞게 꼼꼼히 준비해야 전략적으로 원하는 기업에 입사할 수 있다. 준비해야 할 사항을 항목별로 잘게 쪼개 생각하면 의외로 쉽게 풀린다.

이번 장에서는 간단하게 개념만 설명할 것이다. 단계별 문제를 해결하려면 자신에게 맞는 구체적이고 실현 가능한 목표를 설정해야 한다.

첫째, 취업 지원센터에서 전반적인 상담을 하고 MBTI와 직무 적성 검사를 받으며 자아를 분석한다.

물론 MBTI 검사와 상담사의 말이 100퍼센트 다 맞는 것은 아니다. 검사 결과를 보고 상담도 받으면서 자신이 어떤 성향의 사람인지 체크해 스스로를 더 잘 파악해보자.

둘째, 기업별 취업 세미나에 참석해 관심이 있는 직무 두어 개를 정한다. 국내 또는 해외에서 올린 관련 동영상이나 강의를 유튜브에서 찾을 수 있을 것이다. 이렇게 다양한 동영상이나 세미나를 통해 그 직무를 알아보는 시간을 갖자.

셋째, 관심이 있는 기업 및 직군의 현직자나 헤드헌터를 만나서 궁금한 점을 물어보자. 지인, 선배 그리고 취업지원센터 등 최대한 네트워크를 활용해 다양한 기업 문화에 속해 있는 현직자를 최대한 많이 만나야 한다. 기업의 성향 및 현재 상황에 따라 현직자의 이야기가 현저하게 다를 수 있기 때문이다.

넷째, 관심이 있는 기업에 맞는 이력서와 자소서를 준비한다. 기업에 상관없이 천편일률적인 이력서와 자소서를 제출하는 경우가 많다. 인턴, 아르바이트 등 다양한 이력과 경험을 취사 선택해 넣지 않고 마치 거의 모든 물건을 다 파는 백화점 식으로 넣는 실수를 하는 것이다.

다섯째, 기업이 원하는 인재상에 맞는 경험과 스토리를 몇 개 정해서 자신의 색깔과 개성이 드러나게 작성해야 한다. 이때 자신이 하고 싶은 이야기를 넣기보다 기업의 관심을 끌만한 경험과 스토리 위주로 작성해야 한다.

여섯째, 면접 시 면접관이 물어보는 질문은 대동소이하다. 지원자가 회사에 적합한 인재에 해당되는지와 실제로 입사 후 팀에 얼마나 잘 적응할 수 있을지 질문한다. 이 모든 질문은 이력서와 자소서를 바탕으로 하니, 그만큼 자소서와 이력서는 중요하다.

이렇게 원하는 바를 몇 단계로 나눈 뒤 한 번에 모든 것을 하지 말고 순차적으로 문제를 하나씩 풀어나가면 된다. 시간이 조금 걸려도 과정 하나하나가 면접에서 매력을 보여주기 위한 과정이니 꼼꼼하게 챙기자.

11. 합격 기준을 도저히 모르겠어요.

취업 컨설팅을 진행하면서 취업 준비생들에게 합격 기준을 모르겠다는 말을 자주 듣는다. 하지만 면접관의 입장에서 보면 합격할 지원자는 한 눈에 보인다. 올림푸스에 재직할 당시 타 부서 이사가 같이 면접에 들어온 적이 있다. 해당 면접의 지원자에 대한 우선권은 우리 팀에 있었는데, 그 면접에서 채용하고 싶다고 생각한 지원자를 타부서 이사도 채용하고 싶어 눈독을 들였다.

흔히 학교, 학점, 토익 그리고 영어회화 실력이 좋으면 취업이 잘된다고 오해하지만, 실제로는 그렇지 않다. 좋은 스펙을 갖춘 지원자들을 채용해도 그들이 회사의 기대치를 넘지 못했다. 좋은 기업에는 해외 명문 대학과 SKY 출신이 이미 넘친다. 그래서 기업들은 이제 지원자가 어려운 문제에 봉착했을 때 스스로 사고해서 지혜롭게 대처할 수 있는가와 팀원들과 협업할 수 있는 인재인지를 제일 중요하게 본다.

2.
광고 천재 이제석의 관점을 다르게 보는 법

내게 진짜로 크리에이티비티가 있다면, 그 비결은 관점을 바꿔 다르게 생각하기 때문이 아닌가 싶다. 예컨대 생쥐가 강할까 아니면 코끼리가 강할까? 나는 크다고 강한 것은 아니라고 생각한다.
생쥐에게서 강한 점을 찾으면 그것이 곧 강한 것이다. 이것이 관점을 바꾸는 것이고 값어치 있는 것을 발견하는 길이다. 관점을 바꾸면 남들이 못 보는 것을 본다.
내가 살아가는 방식도 이와 다르지 않다.

-이제석

지방대 출신의 별 볼 일 없는 간판쟁이 이제석은 뉴욕으로 건너간 지 2년 만에 세계 유수의 국제 광고제에서 무려 29개의 메달을 휩쓸었다. 또한 세계 최고의 광고 대행사에서 아트 디렉터로 일하며 수많은 히트작을 만들어냈다. 그의 거칠고 직설적이지만 유쾌하고 기발한 에피소드와 창의력 넘치는 발상을 벤치 마킹하려 한다. 이제석처럼 남들은 생각해 보지 않은 새로운 관점을 취업에 적용해보자.

1. 차별성을 갖춘 인재인가?

학생 대다수가 졸업 후 평균 1년 정도를 취업 준비에 투자한다. 그런데 이 중요한 1년이라는 기간 동안 토익 점수와 학점 올리기에만 열정을 쏟는다. 그리고 남는 시간에 팝업 창에 뜨는 인턴십과 기업 공고를 보고 지원한다.

비슷한 실력의 수많은 취업 준비생이 좁은 취업 기회를 타깃으로 잡고 비슷한 방법으로 지원하고 있다. 이러면 회사는 지원자의 스펙만 볼 수밖에 없다. 그 결과 서울대, 연대, 고대 그리고 해외대학을 나와도 그중 일부만 원하는 기업에 입사할 수 있다. 학벌이 좋아도 좋은 곳에 취업하기 어려워지는 것이다.

게다가 외국계 기업은 최근 경기가 불황이라 최대한 적은 인원을 채용할 뿐 아니라 신입보다 경력직을 선호한다. 원하는 회사와 부서에 입사하려면 기존 방법에서 탈피해 무엇이 필요한지 알아보고, 그 일과 비슷한 경험을 최대한 많이 준비해야 한다. 일반적인 지원자가 취업 자체를 목표로 한다면, 이 책을 읽는 여러분은 한 단계 나아가 입사했다는 가정하에 필요한 것을 준비해야 한다.

2. 외국계 기업은 외적인 부분도 점수에 포함한다

보스턴사이언티픽에서 1차 면접을 본 날, 팀장님이 직접 엘리베이터까지 배웅해줬다. 엘리베이터로 이동하면서 보니 팀장님은 그루밍에 신경을 많이 쓰고 있었다. 입사 후에도 선배들에게 옷과 그루밍에 신경 쓰라는 이야기를 여러 번 들었지만, 그 당시에는 일이 중요하지 외적으로 어떻게 보이는지는 그리 중요하지 않다고 생각했다. 하지만 면접관이 되고 나니 그루밍이 중요하다고 생각이 변했을 뿐만 아니라 사람을 판단하는 기준으로 보이기까지 했다.

이전에 만난 대학교 병원 교수님 또한 자기와 같이 일하는 파트너의 스타일에 매우 신경을 썼다. 패셔니스타처럼 입으라고 말하는 것이 아니다. 최소한 기본적인 감각은 있게 옷을 입어야 한다는 말이다. 그리고 면접을 보러 갈 때는 가진 옷 중 제일 좋은 옷을 입고 가야 한다. 만약 준비가 안 돼 있다면 한 벌 정도는 꼭 준비하라. 면접에 붙고 떨어지고는 큰 차이가 아닌 한 끝 차이임을 명심해야 한다. 이런 사소한 것이 모여 여러분을 비언어적으로 표현해주는 디테일이 된다.

3. 영어는 기본 회화 실력으로도 충분하다

대한상선이라는 선박회사에 지원한 적이 있다. 그 당시 그 회사의 서류 심사 커트라인은 학벌은 서울대, 연세대, 고려대, 토익 점수는 900점이었다. 결론부터 말하면 나는 최종면접에서 탈락했다. 하지만 한 지원자는 토익이 800점밖에 안 되는데 서류 심사를 통과해 최종 합격까지 했다. 회사의 기준대로라면 그 지원자는 서류에서 탈락해야 하는데, 최종 합격했다는 사실이 잘 이해되지 않았다.

나중에 들은 바로는 최종 면접에서 사장님이 이 지원자에게 이렇게 질문했다고 한다.

"우리 기준은 900점인데, 당신 점수는 800점이다. 애초에 지원 자격이 안 되는데 올라왔으니 우리 회사에 맞지 않는 지원자가 아닌가?"

그러자 지원자는 "부끄러운 말이지만 제가 토익 공부를 3개월밖에 못 했습니다. 제게 입사 후 6개월만 시간을 주신다면 900점 이상으로 만들겠습니다. 그리고 정한 기간 내에 해당 점수를 받지 못하면 퇴사하겠습니다"라고 말하고 합격했다는 것이다. 인사과에서 정말 6개월 후에 지원자의 토익 점수를 확인했을까?

800점이라는 기준미달의 점수로 서류 통과를 했다는 사실은 지원자의 다른 가능성을 봤다는 뜻이다. 그리고 사장은 그 지원자의 열정과 태도가 궁금해서 그 질문을 했으리라 짐작된다.

또한 나는 존슨앤드존슨, 올림푸스 그리고 보스턴사이언티픽 등 외국 기업에서 근무했지만 영어를 잘 못하는 현직자들을 꽤 많이 봤다. 이렇게 영어 회화 실력은 하나의 기준에 불과하다. 회화 실력이 조금 부족하다고 해서 반드시 탈락하지는 않는다. 가능성만 있다면 숫자는 큰 의미가 없다.

4. 합격 자소서가 도움이 되는가?

한 유튜브 동영상에서 취업컨설턴트가 특정 대기업의 합격 자소서를 어렵게 구했다며 자랑스럽게 수강생에게 보여주는 장면을 본 적이 있다. 학생들은 아주 신기해하면서 하나도 놓치지 않으려고 자소서를 열심히 들여다보았다. 뿐만 아니라 '취업뽀개기' 같은 사이트를 둘러보면 대기업 합격 자소서를 찾는다는 글도 흔하게 찾을 수 있다.

다른 사람의 합격 자소서가 도움이 될까? 자소서 준비 초창기에 서너 개 정도 살펴보는 것은 도움이 될 수 있다. 흥미롭게도 다른 사람의 자소서는 한 번만 봐도 잘 썼는지 못 썼는지가 잘 보인다. 그러나 대부분 합격 자소서를 보았더라도 내 자소서를 어떻게 준비해야 할지는 알지 못한다. 인생에서 가장 쉬운 것이 훈수 두기인 것과 같은 이치다.

다른 사람의 자소서를 보고 배울 수 있는 점은 두 가지다. 합격자가 어떻게 노력해서 잘했는지 그리고 무엇을 못 했는지가 그것이다. 잘한 부분은 배우고, 못한 부분은 벤치마킹해서 같은 실수를 하지 않아야 한다. 비판은 가장 쉬운 일이지만 거기에서 배운 것을 반영하지 않으면 곤란하다. 이제부터는 다른 사람의 합격 자소서를 찾기보다 자신에 대해 더 알아보고 다양한 경험을 해보자.

5. 자신의 실력을 객관적으로 진단하라

우리는 백 번 찍어 안 넘어가는 나무에 둘러싸여 살면서도 "열 번 찍어 안 넘어가는 나무는 없다"는 옛 속담을 쉽게 받아들인다. 사람들 대부분이 남이 하면 안 되지만 내가 하면 잘 될 것이라는 막연한 자신감을 갖고 있다. 자신이 하는 일을 너무 긍정적인 시각으로 보기 때문이다.

물론 취업을 준비할 때는 좋은 자세다. 하지만 한 번에 원하는 것을 모두 얻을 수는 없다. 취업 준비생은 현재 자신의 위치를 객관적으로 판단해야 한다. 여러 가지 기준을 바탕으로 보면 중소기업에 갈 만한 실력인데 대기업과 외국계 기업만 갈망하는 것은 바람직하지 못하다. 물론 어느 정도 경력을 갖춘 다음 원하는 회사에 지원하는 방향으로 우회 계획을 세울 수는 있다.

최근 국내 제약사에 근무하다가 퇴사하고 프리랜서로 일하는 친구를 오랜만에 만났다. 이 친구는 실무자급의 레벨, 즉 팀원으로 일하다가 퇴사했다. 자기 말로는 임원이 될 수 있었는데, 육아 때문에 일을 포기했다고 한다. "조금만 더 있었으면 충분히 임원으로 올라갈 수 있었을 텐데……"라고 친구는 말했지만, 팀원에서 팀장으로 진급하기란 쉽지 않다. 그러니 임원까지 올라갈 수 있었을 것이라는 친구의 말은 자신을 전혀 파악하지 못했다는 말과 동일하다. 이처럼 자기 커리어를 객관적으로 진단하지 못하면 올바른 경력관리를 할 수 없다.

모든 것을 부정적으로 보라는 말이 아니다. 당장은 아플지라도 현실을 객관적으로 봐야 그 다음 단계를 준비할 수 있다는 말이다.

소크라테스가 왜 "너 자신을 알라"고 말했는지 곱씹어 볼 필요가 있다.

6. 질문도 연습해야 한다

2015년, 서강대학교와 조지메이슨대학교에서 강의를 한 적이 있다. 같은 대학생인데 두 학교 학생들의 태도가 매우 달라 흥미로웠다. 두 곳의 학생들 모두 두 시간의 강의 동안 열심히 필기했다.

하지만 강의 후 서강대학교 학생들은 전혀 질문을 하지 않았다. 학생들에게 이름을 물어보고 계속 질문할 것이 없는지 물어보니 그제야 질문을 하기 시작했다. 반면에 조지메이슨대학교 학생들은 강의 중에도 이해가 안 되는 부분이 있으면 계속 손을 들고 서슴없이 질문했다. 그리고 강의가 끝난 후에도 기탄없이 질문을 하는 태도를 보였다.

우리나라의 교육 시스템상 질문하기를 매우 어려워하고 낯설어하는 사람이 많다. 하지만 이제는 바뀌어야 할 때다. 여러분의 생각을 표현하는 방식을 나중이 아닌 지금부터 알아가야 한다. 제대로 질문하기는 글로벌한 인재 반열에 들어가는 입문 과정이다.

보통 신입사원들은 일을 시킬 때는 질문을 전혀 하지 않다가 엉뚱한 결과를 들고 온다. 질문하는 훈련을 하지 않았기 때문이다. 연습하고 물어보는 것도 시기가 있다. 신입 또는 대학생 때 질문하는 훈련을 하지 않으면 경력직이 돼서 더 힘들어진다. 경력직은 기본적으로 일하는 방법을 알고 있다고 생각하기 때문이다. 질문해야 할 때를 놓친 대가는 매우 크다. 취준생 시기는 이 연습을 하기에 적기이니 무슨 질문이든 가감없이 편하게 하길 바란다.

7. 완벽한 준비는 없다

재학 시절, 외국계 기업에 입사하고 싶어 다양한 영어 회화 모임에 참여했다. 그런데 2~3주간 참석해보니 스터디 구성원들의 공통 패턴이 보였다. 리더가 정해진 질문을 하면 항상 시계 방향으로 답했다. 그리고 다른 사람의 답변을 집중해서 듣지 않고 속으로 자기가 답할 내용만 연습하고 있는 것이 눈에 띄었다. 답을 한 후에는 바로 다음 질문에 대한 고민에 휩싸인다. 모임 시간 내내 계속 대답만 연습하고 있는 것이다.

이런 방법으로는 모임에 참석하는 구성원의 영어 실력이 좀처럼 향상되지 않는다. 모두 원어민이 아닌데 계속 완벽한 영어를 구사하려고만 해서 딜레마에 빠진 경우다. 조금 틀려도 편하게 대화하는 것 자체에 집중했다면 다른 사람의 답도 들었을 테고, 좀 더 빠르게 영어에 재미를 붙일 수 있었을 것이다. 영어가 모국어가 아니므로 우리는 틀릴 수 있고, 또 자꾸 틀리는 상황에 익숙해져야 한다.

취업도 마찬가지다. 여러분이 쓴 자소서나 이력서를 선배나 지인들에게 보여주고 조언을 구하자. 물론 지인들이 자소서 쓰는 법을 잘 모를 수도 있지만, 내 경우에는 자소서 자체에 대한 피드백보다 자소서를 설명하거나 질문을 받고 대답하는 과정에서 깨달은 점이 굉장히 많았다. 우리는 완벽한 존재가 아니다. 부족한 부분을 메우는 작업에 익숙해지면 경험하지 못한 새로운 재미를 발견할 것이다.

8. 회사의 비전과 자신의 비전이 동일한가?

최근 책을 쓰다가 설문조사가 필요해서 카카오톡에 오픈 채팅방을 열었다. 채팅방에서 외국계 기업 취업을 준비하는 학생들이 많은 질문을 했는데, 그중 한 질문을 공유하려 한다. 질문한 학생은 연세대학교 전자공학과 학부생인데, 운이 좋게도 두 기업에 합격해서 어디로 갈지 고민 중이었다. 학생의 질문은 이렇게 세 부분으로 나눌 수 있다.

첫째, 두 곳 중 앞으로 규모가 커질 회사에 취업하고 싶다.

둘째, 한 곳은 외국계 반도체 회사이며 전체 매출액이 8천억 원 정도다.

셋째, 한 곳은 일본계 로봇 회사로 전체 매출액이 12조 원인 그룹의 계열사다.

이 정보만 가지고 판단하기는 힘들지만, 결론부터 말하면 나는 매출 8천억 원인 외국계 반도체 회사에 입사하기를 추천한다. 전체 매출은 로봇 회사가 훨씬 더 커 보이지만 기업의 자그마한 계열사로 가면 그 다음 경력 관리가 쉽지 않을 수 있다.

예를 들어 삼성이라는 회사의 네임밸류만 보고 삼성 계열사 중 하나에 입사했다고 하자. 이런 경우 같은 삼성그룹이라도 계열사마다 그 처우와 연봉이 다르다는 사실을 알아야 한다. 내 아버지 세대 때는 대기업에 다니면 모든 것이 해결되는 시대였지만 이제는 더이상 그런 시대가 아니므로 그 계열사의 매출과 비전을 꼭 챙겨봐야 한다. 단순하게 회사 이름만 보고 지원하면 나중에 후회할 수 있다.

만약 이 학생이 외국계 반도체 회사에 간다면 이후에 경력직으로 이직할 수 있는 폭이 매우 넓어진다. 자기 역량에 따라 다양한 기회를 만들 수 있다는 말이다. 하지만 회사 전체의 매출액이 12조 원인 것만 보고 해당 계열사의 매출 및 여러 가지 사항을 꼼꼼하게 따지지 않고 일본계 로봇 회사로 간다면 다음 경력을 장담할 수 없다.

나는 한국파렛트풀이라는 회사에서 직장 생활을 시작했다. 당시 물류업계 중에서는 대기업은 물론 다른 회사와 견줄 수 없을 정도로 높은 연봉을 줬다. 문제는 그 당시 한국파렛트풀이 독점회사라서 이 경력을 갖고 이직할 회사가 거의 없었고, 연봉을 맞춰 이직하기는 더더욱 힘들었다. 이처럼 당장 눈에 보이는 혜택도 중요하지만 입사 후에 경력을 어떻게 관리할 수 있는지도 고민하고 지원해야 나중에 후회가 없다.

마지막으로 회사의 비전과 지원자의 비전은 다른 것이다. 회사에 비전이 있어도 지원자에게 비전이 없다면 높이, 멀리 가기가 쉽지 않다. 반대로 설령 회사에 비전이 없다 해도 지원자가 비전을 가지고 자그마한 회사에서 원하는 경력을 갖춘다면 그 사람은 다른 기업에서 모두 원하는 인재가 될 것이다.

9. 기업 취업설명회에 가면 꼭 물어봐야 하는 질문

일반적으로 대기업은 좋은 인재를 유치하고자 매년 정해진 대학교에서 상반기와 하반기에 취업설명회를 한다. 이런 정보는 해당 학교 학생이 아니어도 각 대학 취업 포털사이트에 들어가면 쉽게 확인할 수 있다. 나는 이미 졸업했지만 고려대학교에서 열린 취업설명회에 참석한 적이 있다.

취업설명회는 회사의 인재 채용 방법, 입사 후 하는 일 그리고 복지 등을 간략하게 이야기해주는 자리다. 그러므로 취업설명회에 참석하기 전에 해당 회사의 홈페이지를 살펴보고 잘 이해되지 않은 인재상, 회사의 신제품이나 포트폴리오, 비전 등을 구체적으로 물어보자. 그 회사가 가진 독특한 기업 문화나 복지 등을 편하게 물어봐도 된다.

질문한 후에는 기회를 만들어서 실무팀 또는 팀장에게 먼저 다가가 자기소개를 한 후 명함을 꼭 받기를 추천한다. 명함을 받으면 좋은 설명을 해주셔서 감사하다는 내용으로 감사 이메일을 보내자. 이 사소한 메일 한 통이 다른 기회로 다가올 수 있음을 잊지 마라.

회사 측으로 취업설명회에 참여한 적이 있는데 꼭 학생 중 한두 명이 찾아와 자신을 소개하고 명함을 받아갔다. 이 학생들과 몇 번 개인적인 연락을 주고받다가 학생이 회사로 찾아와서 점심 식사를 한 적도 있다. 태도가 좋은 학생에게는 입사 준비 노하우를 알려주거나 다양한 현직자를 소개해주기도 했다.

10. 토익 시험의 진정한 승자는? YBM VS 취준생

2018년 6월 7일. 네이버 실시간 검색어를 보니 '토익'이 1위였다. 왜 토익이라는 단어가 실검 1위에 올라왔을까? 나도 검색을 해봤지만 특별한 이슈는 없었다. 단지 토익 성적을 발표하는 날이라서 사람들이 검색을 많이 한 것이다. 이 해프닝을 보고 토익이라는 시험 하나를 가지고 오랫동안 영향력을 주는 YBM의 마케팅 능력에 찬사를 보냈다.

하지만 실제로는 회사에서 정한 커트라인만 넘으면 토익 점수는 취업의 당락을 결정하는 기준이 되지 않는다. 예를 들어 850점을 받은 지원자와 900점을 받은 지원자가 있다고 하자. 900점을 받은 지원자가 영어 실력이 뛰어나니 합격시켜야겠다고 판단하는 면접관은 전무할 것이다. 이처럼 기준만 넘으면 토익 점수는 회사에 지원하거나 면접을 보는 데 전혀 문제가 되지 않는다는 사실을 알았으면 한다.

기업이 이와 같은 기준으로 직원을 선발하고 있음에도 잘 모르는 학생들은 계속 토익 또는 오픽의 중요성을 네이버 지식인에 물어본다. 그리고 학생들이 답을 해준다. 가끔 2~3년차 경력자가 답을 달아주기도 하지만, 이런 질문에 대한 피드백은 최소 면접관 이상의 실무자나 인사과 사람들에게서 받아야 한다. 실제로 다양한 기업의 인사과 직원들이 회사의 평판 관리를 위해 취업뽀개기, 잡플래닛, 블라인드 등 관련 사이트를 체크한다. 하지만 이들은 댓글은 거의 달지 않는다.

또 다른 반증은 국내에 넘쳐나고 있는 유학생들이 외국계 기업뿐 아니라 국내 대기업에도 취업을 하지 못하는 경우가 흔하다는 것이다. 만약 기업에서 토익 점수가 높은 지원자를 원한다면 유학생은 모두 좋은 기업에 취업해야 한다. 게다가 이들은 토익 점수뿐 아니라 영어회화 능력도 우수하다. 하지만 취업이 되지 않는 이유는 무엇일까? 다양한 이유가 있지만 여기에서는 높은 토익 점수가 취업을 전혀 보장해주지 않는다는 사실만 이야기하겠다.

레드 오션	기존 시장 안에서 경쟁	정해진 룰 안에서 경쟁하므로 1등과 꼴등이 정해짐	이미 존재하고 잘 알려져 경쟁이 심화된 상황	기존 방법에서 조금 변형
블루 오션	경쟁이 없는 새로운 시장을 창출	경쟁이 없으므로 모든 사람이 1등을 할 수 있음	현재 존재하지 않거나 알려져 있지 않아 경쟁자가 없는 상황	창의력을 통한 새로운 발상의 전환

11. 블루오션 VS 레드오션

우리는 기업의 사업성을 이야기할 때 블루오션 또는 레드오션 시장이라는 단어를 자주 쓴다. 블루오션은 고기가 많이 잡히는 넓고 깊은 푸른 바다를 일컫는 말로 한 기업이 신기술을 사용한 신제품을 독자적으로 개발해 판매하는, 경쟁이 없는 시장을 의미한다. 반대로 레드오션은 경쟁이 매우 치열한 기존 시장을 의미한다. 레드오션 시장은 산업의 경계가 이미 정의돼있고 경쟁자의 수도 많기 때문에 고객의 이목을 끌기 위해 치열하게 경쟁해야 한다.

이 두 개념을 취업에 적용해보자. 흔히 취업 시장 상황이 좋지 않아 취업이 잘 되지 않는다고 착각을 많이 한다. 물론 맞는 말이지만 언제나 맞는 말은 아니다. 내가 취업을 준비하던 2005년도 그전에 비해 취업이 쉬운 상황은 아니었다. 아이러니한 점은 이럴 때도 취업이 잘되는 친구들은 항상 잘된다. 스펙이 좋지 않아도 취업이 잘되는 친구들이 시대를 막론하고 항상 있다는 것이다. 따라서 기존의 취업 준비 방법과 전략을 다시 고민해 볼 필요가 있다.

취업 시장에서 블루오션과 레드오션은 지원자의 '실력'이 구분한다고 할 수 있다. 여기서 실력은 수많은 경쟁자끼리 큰 차이가 나지 않는 일부 점수로 표현된 능력을 말하는 것이 아닌 지원자가 스스로 경험을 통해 얻은 것을 의미한다.

남들과 차별되려면 남들 다하는 토익 점수, 오픽 점수에 매달릴 것이 아니라 경험을 쌓든 다른 무엇을 하든 자신만의 경쟁력이 생기는 부분에 꾸준히 투자해야 한다. 많은 지원자가 글로벌 기업에 입사하기만 하면 모든 것이 끝난다고 생각한다. 하지만 나는 국제 마라톤 시합 등록 절차를 이제 막 마친 참가자가 된 것이라고 자신 있게 말할 수 있다.

나도 대학교를 졸업한 2005년에 초봉을 3,600만 원 주는 회사에 입사한 후 나보다 연봉이 적은 회사에 다니는 친구에 비해 취업을 훨씬 더 잘했다고 생각하던, 정말 무지하던 시절이 있다. 무식하면 용감해지는 법이다. 또한 다른 선후배들이 자기계발 및 다양한 자기관리에 집중할 때도 2년 정도 무의미한 시간을 보내기도 했다.

물론 500~1,000만 원 차이가 매우 크다고 생각할 수도 있다. 하지만 내가 무엇을 좋아하고 잘하는지가 아니라 그냥 회사 이름과 인지도만 보고 들어가면 그곳에서 40세 이후까지 근무하기도 쉽지 않다. 내 지인 중에 30대 후반인데도 벌써 회사의 권유로 사직하고 무엇을 할지 고민하는 사람이 몇 명 있다. 반면 자신이 좋아하고 잘하는 것에 관심이 있던 친구는 벤처 기업 사장이나 임원이 되거나 개인 사업을 운영하는 등 일을 즐기면서 자신의 꿈을 전 세계적으로 멋들어지게 펼치고 있는 중이다. 길다면 길고, 짧다면 짧은 10년 만에 선후배들의 인생이 정말 대조적인 결과로 귀결되는 것을 직접 눈으로 보았다.

취업은 또 다른 시작이다. 조급해하지 말고 내가 잘할 수 있는 것을 찾아야 한다. 물론 쉽지 않겠지만, 찾을 때까지 끊임없이 노력해야 한다. 그리고 남들과 똑같은 경쟁을 해야 하고 변화가 보이지 않는 일이라면 바로 멈추고 돌아볼 줄 아는 지혜와 결단이 필요한 시점이기도 하다.

지금 여러분이 진행하거나 준비하고 있는 일은 단순 취업이 아니라 인생이 걸린 중대한 이슈이므로 더 치열하게 고민하고 계속 스스로에게 질문하면서 빠르게 진화해야 한다. 취업이라는 문턱을 넘고 나면 사고하는 습관과 진화된 능력을 회사라는 기회의 장에서 재미있고 멋지게 펼칠 수 있을 것이다.

3.
쪼갤수록 답이 보인다

조지메이슨대학교에서의 강의 후 찾아온 학생들의 꿈

2018년 3월, 인천에 있는 조지메이슨대학교에서 3학년과 4학년을 대상으로 외국계 취업 전략을 강의했다. 강의 후 몇 명의 학생이 찾아왔는데, 그중 두 명이 희망하는 직업이 매우 흥미로웠다. 지금까지 다양한 학생을 만나봤지만 이 두 학생이 원하는 직업은 사뭇 달랐다. 한 학생은 농경제학자가 되고 싶어 했고, 다른 학생은 월드뱅크에 입사하고 싶어 했다. 하지만 원하는 것을 이루고자 하는 열망과 열정은 같았다. 꿈은 명확한데 원하는 것을 이루기 위한 중간 과정을 어떻게 준비해야 할지 몰라 내게 질문한 것이다.

우선 농경제학자가 꿈인 학생에게는 대학교 두 곳을 추천했다. 농경제학과가 있는 서울대와 고려대의 교수와 만나라고 했다. 두 학교의 사무실에 연락해서 간단하게 자기소개를 하고 상기 건과 관련해 교수님과 만나거나 또는 이메일을 보내도 되는지 문의해 보라고 알려줬다. 대부분의 교수는 메일을 정말 많이 받아 잘 모르는 메일을 읽지 않는 경향이 있다. 그래서 조교에게 먼저 말하라는 것이다. 조교가 교수에게 학생에 관한 내용을 전달한 후 학생이 메일을 보내면, 교수가 메일을 읽고 답을 해준다. 일종의 연락법이라고 볼 수도 있겠지만 기본적인 예의이기도 하다. 교수와 메일을 주고받은 후 관심 분야에 관한 고민이 있으니 시간 되실 때 찾아 뵙고 고견을 구하고 싶다고 요청하면 된다. 이렇게 해도 안 되면 두 번째, 세 번째 위치에 있는 학교의 교수님에게 연락하면 된다. 이렇게 노력하다 보면 자연스럽게 원하는 바를 알게 될 뿐만 아니라 일을 풀어가는 방법을 터득하게 된다.

그리고 월드뱅크에 입사하려는 학생의 질문은 단순했다. 그는 월드뱅크는 신입을 뽑지 않고 있는 것으로 알고 있는데, 혹시 신입으로 지원했다가 떨어지면 기록이 남아 나중에 마이너스가 될지 궁금해했다. 나는 그냥 지원해보라고 했다.

물론 한 번 지원했다가 떨어지면 그 지원자의 입사 지원 자격을 1년 정도 박탈하는 회사도 있다. 하지만 경험 측면에서 지원해 보고, 그 결과와 상관없이 지원 자체를 통해 배우는 과정이 있기에 지원하기를 추천했다. 월드뱅크 인사팀이 이 학생을 마음에 들어 한다면 인턴십 또는 다른 기회를 줄 수도 있기 때문이다. 이처럼 기회는 모든 사람에게 열려 있으니 떨어질 것을 두려워하지 마라. 같은 실수를 되풀이하지만 않으면 된다.

이 두 학생은 문제를 어떻게 풀 수 있는지 고민하고, 그에 관한 가장 작은 단서부터 찾았다. 우리도 자그마한 단서를 풀어가면서 다른 실마리를 더 찾아보자. 하나씩 찾다 보면 그 작은 시작이 모여 결국 원하는 바를 이룰 수 있다.

취업 과정은 크게 다섯 단계로 쪼갤 수 있다. 아래 항목을 참고해 준비된 단계는 넘어가고 준비가 미흡한 단계부터 시작하자.

1단계: 자아 분석

학생 대다수가 자신의 장단점을 정확하게 파악하지 못하는데, 그중 충분한 능력과 장점이 있음에도 불구하고 잘 모르고 있을 때가 가장 아쉽다. 이렇게 단점을 장점으로 알고 있거나 장점을 단점으로 알고 있는 경우가 생각보다 많은데, 자아를 정확하게 분석하는 일은 취업의 합격 당락을 떠나 인생에서 가장 중요한 부분이기도 하다.

하이트에 공채로 입사해 해외 영업 파트로 발령받은 대학교 동기가 있다. 그는 몽골, 중국 등으로 맡은 국가가 계속 바뀌었다. 잘 적응하지 못해 부서장이 부서 내의 다른 파트로 발령을 보낸 것이다. 현재 그 동기는 다른 맥주회사로 이직해서 품질관리 업무를 하고 있지만 아직도 자기가 무엇을 잘하고 또 원하는지 알지 못해 직장생활 15년 차임에도 어느 방향으로 이직할지 계속 고민만 하고 있다.

취업센터에 가면 직무적성 검사, MBTI 등의 프로그램을 이용해 자아분석 검사를 받을 수 있다. 무료이니 최대한 이용하자. 그 후 취업스터디를 하고 다양한 현직자를 만나면서 스스로 강점을 파악해야 한다.

그리고 익숙하지 않은 환경에 지속적으로 노출돼야 한다. 그 안에서 느끼는 다양한 감정과 경험을 관찰해보라. 이렇게 해도 아직 부족한 점이 있다면 다양한 취업 컨설팅 업체가 있으니 컨설턴트의 이력을 보고 도움이 될 만한 사람을 찾아 상담을 한 번 해보는 것도 추천한다.

2단계: 직무 이해

취업 강사가 슬라이드 몇 장을 띄워 놓고 회계, 영업, 마케팅, 개발 등 매우 보편적인 설명을 하는 것을 듣고 진로를 결정하는 것은 매우 위험한 발상이다. 해당 강사도 다양한 일을 직접 경험해 보지 못했기 때문에 회사별, 직무별 분야를 여러분이 원하는 만큼 자세히 알기 어렵다는 사실을 인지해야 한다.

물론 전반적인 그림을 그리는 데는 도움이 된다. 대신 강의를 들은 후에 해당 직무에서 일하는 현직자를 만나보기를 적극적으로 추천한다. 이때 원하지 않는 분야라도 배척하지 말고 최대한 많은 직군의 현직자 또는 선배를 만나보고 직군을 깊이 이해해야 한다. 항상 아는 만큼 보이는 법이기 때문이다. 실제로 회계학과에 재학 중이어서 회계 관련 일을 하고 싶었으나 다른 분야를 알아보다 영업과 마케팅이 더 흥미롭고 적성에 맞는 직군임을 알 수도 있다. 이처럼 반드시 다양한 분야의 현직자를 만나보고 직무를 결정해야 나중에 후회가 없고 더 멀리, 더 높이 갈 수 있다.

여러 직무를 이해하고자 할 때 첫 번째로 할 일은 각 학교마다 열리는 직무 관련 강의를 찾아보는 것이다. 학교에서 주최하기도 하고 정부 기관에서 주최하는 것도 있다.

여러 직무를 이해한 다음에는 더 알아보고 싶은 직무를 선택해야 한다. 지인에게 소개를 받아서 현직자를 만나는 방법이 가장 빠르다. 지인이 별로 없다면 직장인이 많이 참가하는 영어 회화 모임 또는 경영학 스터디 모임을 찾아가자. 이렇게 다양한 분야의 직무가 있다는 사실에 놀랄 것이다.

나는 토요일 아침 일곱 시 30분에 시작하는 경영학 모임에 참석했었는데, 그 모임에 고등학교 2학년 학생이 매주 참석해 매우 놀란 적이 있다. 고등학생이 나올 수 있다면 대학생은 당연히 참석 가능하지 않을까? 토요일 아침부터 현직자와 다양한 이슈에 관해 토론하다 보면 자연스럽게 글로벌 기업의 현직자와 관계를 맺게 된다.

이처럼 책상 위에서 경험을 상상하기보다 직접 현업에 종사하는 사람을 만나 살아 있는 지식을 채우자. 현직자와 어울리다 보면 자신도 모르는 사이에 그럴 듯한 직장인이 된 내 모습을 떠올릴 수 있을 것이다.

3단계: 기업 리서치

한국의 취준생이 취업 준비에 쓰는 비용은 평균 384만 원, 취업 준비 기간은 약 13개월이라고 한다. 이런 비용과 시간을 할애해서 들어간 직장에서 그들은 행복할까?
많은 직장인이 직장에 대한 자부심도 없고 큰 의미도 두지 않는다. 회사에 들어가기 전까지만 해도 똑똑한 인재였는데 입사 후에는 회사에서 시키는 일만 하는 기계가 된 지인을 많이 봤다. 자신에게 맞는 직무나 기업에 대한 리서치를 충분히 하지 않고 회사 이름, 연봉 그리고 단순한 요건만 맞춰 취업했기 때문이다. 국내 대기업, 외국계 기업, 중견 기업, 중소기업 그리고 벤처 기업은 각자 기업 문화가 다르다. 그래서 무조건 대기업 또는 외국계 기업이 좋다고 말할 수는 없다. 지원자 개개인의 성향과 백그라운드, 원하는 조건이 모두 다르기 때문이다.

내가 스터디에서 알고 지낸 사람 중 미국 대학 출신이 있다. 이 후배는 국내 대기업과 중견기업에서 근무했지만 회사가 심하게 맞지 않아 다음 직장도 정하지 않은 채 퇴사해버렸다. 그리고 퇴직 후 몇 개월간 취업 준비를 하다 최근 비트코인 관련 벤처 기업에 입사했다. 그 회사의 대표는 35세로 젊은 데다가 하버드 출신으로 외국 대학 경험도 있어 대화가 잘 통한다고 했다. 그래서 그런지 그는 일하는 것이 정말 행복하다며 회사가 정말 잘될 수 있게 열심히 노력하겠다고 말했다. 이 사례에서 알 수 있듯 당장 눈앞에 보이는 조건보다 자신의 성향, 성장 가능성 그리고 기업 문화를 보고 지원해야 한다.

기업의 성장 가능성과 기업 문화를 파악하는 데는 큰 노력과 시간이 필요하다. 나는 비트코인 관련 회사에 입사한 후배와 인터뷰하기 전에 블록체인을 잘 알지 못하기에 관련 일을 하는 다른 두 지인에게 문의해 받은 피드백을 받고 대표의 미디어 동영상 그리고 다양한 뉴스를 보고 질문을 정리했다. 여러분도 같은 방법으로 준비하면 된다. 미디어에 나온 면만 보지 말고 다양한 루트로 정보를 수집하고 사람도 만나면서 해당 기업에 대한 조사를 마치고 입사하면 일에 대한 만족도와 자신감이 생겨 즐겁게 일할 수 있다.

4단계: 자기소개서

대부분 취업을 준비하면서 가장 오랜 시간을 할애하지만 동시에 가장 어려워하는 부분이 자소서 작성이다. 그 이유를 생각해 본 적 있는가? 자신의 장단점을 파악해 남에게 어필하는 법을 배운 적이 없기 때문이다. 어떻게 보면 당연한 결과다. 한국 정서상 살면서 잘하는 것을 잘한다고, 못하는 것을 못한다고 쉽게 말하지 못해봤기 때문일 수도 있다.

가수 성시경이 KBS의 한 프로그램에 출연해 외국인들과 편하게 대화하면서 유창한 영어 실력을 뽐낸 적이 있었다. 한 기자가 성시경에게 "영어를 잘하시네요?" 하고 물으니 그는 "저는 영어를 참 잘하는 편입니다"라고 대답했다. 그러자 기자는 약간 놀라워했다. 잘하는 것은 맞지만 스스로 잘한다고 말해서였을 것이다. 이를 눈치챈 성시경은 "제가 엄청나게 노력해서 잘하는 걸 잘한다고 하는 게 이상한가요?"라고 반문했다.

이제 잘하는 것이 있는데도 불구하고 겸손한척하는 자소서는 필요없다. 그런 자소서는 정말 많다. 성시경처럼 자소서를 쓰자. 잘하는 것을 잘한다 말하고 근거가 될 만한 이야기를 넣으면 된다. 단, 자기소개서 항목에 맞게 하나씩만 넣도록 하자.

또 자소서를 쓸 때 중요한 점은 단점도 잘 표현해야 한다는 것이다. 단, 치명적인 단점은 될 수 있으면 쓰지 마라. 예를 들어 '잠이

들면 아예 못 일어날 정도로 심각하게 빠져들어 자주 지각하곤 한다'는 말은 쓸 필요 없다. 이런 치명적인 단점을 좋아할 면접관은 없다.

예전에 면접에서 내 단점이 '작심삼일'이라고 말한 적이 있다. 하지만 작심삼일 후에 하루나 이틀 정도 쉬고 나서 오뚝이처럼 또 일어나 계속 반복한다고 말했다. 그러면서 시일이 걸리더라도 하고 싶은 일은 이루고 만다는 사례까지 들었다. 단점이 장점으로 보일 수 있도록 공략한 것이다. 여기서 중요한 점은 사실을 말해야 한다는 것이다. 거짓말로 꾸며서 말하면 금방 탄로나고 만다.

마지막으로 회사가 원하는 인재상에 맞춰 자소서를 준비해야 한다는 점을 잊지 말자. 여러분은 삼성과 LG를 잘 알 것이다. 하지만 이 두 기업이 원하는 인재상이 확연히 다르다는 것도 아는가? 삼성은 스마트하고 추진력 있는 인재를 좋아하지만 LG는 인화 단결해 주변 사람과 호흡할 수 있는 인재를 선호한다. 그러므로 자소서를 통해 스스로를 피력할 때는 그 회사가 원하는 인재상에 맞는 내용을 넣고 그들이 좋아하는 어조와 코드를 사용해야 한다.

5단계: 면접

1단계부터 4단계까지 충실히 준비했다면 면접을 볼 기회가 찾아올 것이다. 내가 좋아하는 아마존의 CEO 제프 베조스는 이런 말을 했다. "제품을 팔려 하지 말고 소비자가 제품을 구매하는 것을 도와줘라." 하지만 우리 대다수는 제품을 파는 데 집중하지 소비자의 구매 결정을 도와주는 일에 초점을 맞추지 않는다.

면접도 마찬가지다. 면접을 회사가 지원자를 선택하는 자리로만 생각하지 마라. 상호간 좋은 파트너를 찾는 자리라고 생각해야 한다. 회사가 좋은 인재를 찾는다면 인재도 좋은 회사를 찾아야 한다. 물론 지원자는 면접을 보는 동안만큼은 자신이 능력 있는 인재라고 최대한 어필해야 한다. 우선 면접을 잘 봐서 합격이라는 결과를 받아놓고 나서 마음에 들지 않으면 안 가면 된다. 또한 회사도 지원자가 마음에 들지 않아도 성심성의껏 면접을 진행해야 한다는 최소한의 의무가 있다.

면접을 볼 때 가장 중요한 점은 자신의 답변을 상대방이 이해할 수 있도록 근거와 사례를 제시하는 것이다. 보스턴사이언티픽에서 본 최종 면접을 예로 들어보겠다. 최종 면접에는 두 명의 지원자만 남았다. 나는 동종업계가 아닌 다른 업계의 경력이 있었고, 다른 한 명의 지원자는 동종업계 경력이 있었다. 당시 보스턴사이언티픽의 오경렬 사장님은 내게 이런 질문을 했다.

"나는 민규 씨가 더 마음에 드는데 동종업계 경력직이 아니라는 점이 마음에 걸린다. 나를 설득해 봐라."

내가 어떤 말을 하느냐에 따라 당락이 좌우된다는 말이었다.

그래서 나는 사장님에게 인재를 뽑을 때 장기적인 관점으로 뽑는지, 아니면 단기적인 관점으로 채용하는지 물어봤다. 대한민국 어떤 기업의 대표가 단기적인 관점으로 뽑는다고 이야기를 하겠는가? 사장님도 물론 "장기적인 관점을 보고 사람을 뽑죠"라고 했다. 나는 "그렇다면 저를 채용해야 한다"고 말했다. "저는 최종 면접에 오기 전까지 미세한 떨림을 잡으려고 한 달 반 동안 매일 회사를 찾아왔습니다. 이처럼 부족한 점이 있으면 개선하려고 노력할 줄 아는 인재입니다. 현재 경쟁자인 동종업계 경력직보다 입사 후 1년 동안은 잘할 자신은 없지만 1년 이후에는 더 못할 자신이 없습니다. 그러므로 저를 뽑으실 것을 추천합니다"라고 답변했다. 그리고 나는 보스턴사이언티픽에 입사했다.

참고로 나는 1차 서류 통과 후 면접이 진행되는 근 두 달 사이의 기간 동안 자동차를 타고 거의 매일 아침 또는 저녁 시간에 선릉역에 있는 보스턴사이언티픽 사무실을 방문했다. 가서 커피를 마시기도 하고, 건물 앞에 있는 소 동상을 만지고 바로 오기도 했다. 내가 매일 그렇게 회사에 찾아간 이유는 최종까지 갈 수 있다고 자신했지만, 면접의 차수가 올라갈수록 긴장감이 높아지리라 예상했기 때문이다. 단 한 명만 뽑기에 4차 면접까지 떨지 않는다고 장담할 수 없었다. 내가 할 수 있는 일은 회사에 내 몸과 마음을 익숙하게 만들어 면접볼 때 더 편한 마음을 유지하는 것뿐이라고 생각했고, 바로 실행했다.

면접관은 답을 정해놓고 지원자에게 질문하지 않는다. 그러므로 내 답변을 면접관이 이해할 수 있도록 근거와 사례를 들어 표현해주면 충분하다. 면접은 내가 하고 싶은 말을 하고 오는 자리가 아니라 면접관이 나를 이해할 수 있도록 설명하는 자리다. 한 끗 차이지만, 그 차이가 승패를 좌우하는 핵심 요소다.

4.
취업컨설턴트의 허와 실

최근 취업 경쟁률이 점점 더 치열해지고 제한된 인원을 뽑다 보니 취업 시장에 매우 다양한 경력을 갖춘 강사진과 검증되지 않은 취업 프로그램이 우후죽순으로 생기고 있다. 취업을 준비하는 사람에게 선택지가 넓어진 듯 보이지만, 실상은 어떤 강사가 검증됐는지 그리고 어떤 프로그램을 들어야 하는지 더 고민해야 하는 상황이 됐다. 다음은 네이버 지식인에 한 학생이 취업 컨설팅과 관련해 문의한 내용을 발췌한 것이다.

취업컨설팅 자기소개서랑 면접 잘봐주시고 상업적인 업체말고 없나요?

비공개 | 질문 5건 | 질문마감률 100% | 질문채택률 66.7% | 2011.11.25. 12:59 | 조회수 6,649

업컨설팅을 받을려고 하는데요

격도 천차만별이고 업체도 워낙많고해서

떻게 해야하는지도 모르겠네요

기소개서 첨삭 하고 면접 진행하는데 비용이 너무 비싸고

부터 해야할지 모르겠어요

취업자라 돈이 넉넉한것도 아닌데..

가 궁금한건

취업컨설팅 비용이 어느정도가 적당한가요?

고려해야봐야할 사항이 어떤것들이 있나요?

들 답변부탁드려요~~~ 내공걸께요

네이버 지식인이나 각종 취업 사이트에 가면 이 학생과 같은 고민을 하는 취준생이 꽤 많다. 이처럼 취업을 준비할 때 취준생이 가장 어려워하는 부분은 단연 자소서지만, 결론부터 말하면 자소서만 첨삭하는 컨설팅은 바람직하지 않다. 취준생을 코칭할 때는 학생이 원하는 기업, 직무 그리고 학생의 적성을 평가한 후 코칭해야 한다. 그 후 학생의 자소서에서 논리정연하지 못한 부분이 있으면 첨삭해주는 편이 좋다. 이 과정 없이 자소서 첨삭만 받으면 서류 통과를 더 할지는 모르지만 면접까지 합격하기는 어렵다.

그렇다면 자소서 첨삭 또는 컨설팅이 좋은 결과로 잘 이어지지 않음에도 불구하고 왜 자소서 강의가 가장 많을까? 이 질문에 대한 대답은 세 가지로 분류되는 취업컨설턴트들의 경력을 보면 쉽게 이해할 수 있다.

첫째, 중소기업에서 경력을 갖춘 후 취업컨설팅을 하는 사람이다. 몇몇 취업 관련 사이트에서 대표 또는 강사의 이력을 검색해보니 아래와 같은 불명확한 경력이 눈에 들어왔다.

1. 스피치 회사 대표, 심리학, 표현컨설턴트 → 자소서 표현과 면접 스킬에는 도움이 될 수 있다.
2. 동부전자 최종 합격 → 최종합격인지 아닌지 검증할 방법이 없다.
3. 독일 외국계회사 근무 → 퇴사 후 회사 이름을 밝히지 않을 이유는

없다고 판단된다.

4. 해당 취업컨설팅 회사 연구원 → 대기업에 근무한 경험이 없다는 말과 동일하다.
5. 평균 2개월 합격 → 빠른 합격은 지원자가 원하는 조건 이하로 회사에 맞춘다는 의미에 가깝다. 좋은 결정일까?

위 컨설턴트들의 특징은 아래와 같다.

· 자소서와 이력서 컨설팅이 가능하다고 한다.
· 대기업 근무 경험 없이 취업컨설팅 회사 출신의 연구원이라는 표현을 자주 사용한다. 대기업에서 일한 적이 없는데 어떻게 대기업 취업을 연구한다는 말인가?

둘째, 대기업 근무 이력이 있지만 2~3년 정도의 경험만 하고 바로 취업컨설팅 시장에 뛰어든 강사들이 있다.

이들의 특성은 아래와 같다.

· '2~3년 근무'라는 말은 회사 프로세스 정도만 이해하고 나온 것이다.
· 직무 소개, 면접 프로세스, 인재상 그리고 기업 문화를 어느 정도 파악할 수 있다.

- 면접관 경험이 없어 실제 인재를 뽑는 기준은 잘 알지 못한다.
- 자소서, 이력서, 면접 스킬을 컨설팅할 수 있다.

셋째, 글로벌 기업에서 최소 팀장 또는 임원 자리까지 올라가 면접관 경험을 해본 컨설턴트다.

이들의 특성은 아래와 같다.

- 사전에 HR에서 지원자의 이력서를 받고, 진행하고 싶은 지원자를 선택한다.
- 팀장 이상 직급은 자연스럽게 직원들의 역량을 개발하는 역할을 맡으므로 커리어 컨설팅이 가능하다.
- 주변 인맥 대다수가 글로벌 기업의 팀장, 인사과 직원 그리고 임원들이다.
- 커리어 로드맵에 대한 전반적인 컨설팅이 가능하다.

이 세 부류의 컨설턴트는 각각 장단점이 있기에 누구는 맞고 누구는 틀리고의 문제는 아니다. 이를 정리한 이유는 취준생이 다양한 상황에 맞게 컨설턴트를 취사 선택할 수 있도록 가이드해주기 위해서다. 컨설턴트를 찾을 때는 이력을 보고 어느 정도까지 컨설팅이 가능한지 염두에 둔 후 미팅을 진행하자. 단, 원하는 것을 얻으려면 멘토가 여러분이 원하는 것 이상을 경험해야 한다. 글로벌 기업 근무 경험 없이 특정 회사 합격과 2만 건의 자소서 케이스 리뷰를 내세우는 강사진에게 현혹되지 않았으면 한다.

80점짜리 스펙의 취준생을 75점 정도를 요구하는 회사에 취업시키기는 쉽다. 결과가 빨리 나오고, 취업컨설턴트의 역량도 그다지 중요하지 않다. 학생이 일정 정도 이상의 스펙을 갖췄으므로 부족한 자소서와 면접 스킬 정도만 코치해주면 간단하게 해결된다. 그러나 빨리 취업하는 것만이 능사가 아니다. 여러분의 커리어를 생각하고 책임지겠다는 마인드의 강사를 만나야 한다.

마지막으로 취업컨설턴트들은 대부분 글로벌 기업에서 일해본 경험이 매우 적다. 설령 대기업에서 근무했다 하더라도 팀장 이상의 직급에 올라 면접을 진행해 본 적이 거의 없다. 회사에서 면접관을 해본 컨설턴트와 2~3년 차에 회사를 퇴사한 컨설턴트의 역량은 매우 차이가 난다. 좋은 기업에서 인사 관련 근무를 해본 경험이 없다면 지원자의 자소서에 집중할 수밖에 없다. 이 때문에 원하는 직무를 찾아주고, 자소서와 면접 프로세스까지 해결해주는 컨설팅을 받기가 어려운 것이다.

5.
면접관들이 가장 싫어하는 지원자 유형

취준생은 면접 전에 많은 것을 준비한다고 하지만 막상 실제 면접에서는 매우 기본적인 실수를 범하곤 한다. <헤럴드경제> 지에 실린 내용을 토대로 지원자가 주로 하는 세 가지 실수를 분석하고, 이런 실수를 하지 않으려면 어떻게 준비해야 하는지 풀어가고자 한다.

온다고 해놓고 나타나지 않는 지원자

사회생활을 하면서 느끼는 것은 '세상 참 좁다'라는 사실이다. 그러니 여러분이 가고 싶지 않은 회사라면 면접을 보러 가지 않겠다고 먼저 인사과에 말하기를 추천한다. 면접을 보러 간다고 말하고 가지 않는 사소한 행동이 나중에 독으로 작용할 수 있기 때문이다.

일반적으로 취준생은 직무가 비슷하거나 같은 업계의 기업에 지원하는 경향이 있다. 비슷한 업계나 같은 직무에 있는 담당자는 대동소이한 단체나 기관에서 교육받는다. 여러분이 가볍게 보고 넘긴 사소한 실수가 전혀 다른 회사의 인사과에 넘어갈 수도 있다는 말이다!

설령 원하는 회사에 입사하더라도 다른 회사에서 한 안 좋은 행동이 인사과에 들어가면 좋지 않은 영향을 끼칠 수도 있다. 그래서 가고 싶지 않은 회사라면 먼저 인사팀에 가지 않을 것이라고 정중하게 말하는 쪽을 추천한 것이다. 이는 매우 기본적인 매너임을 명심하자.

회사를 잘 모르는 지원자

워낙 많은 회사에 지원하다 보니 회사에 대해 잘 모르는 상태에서 면접을 보는 경우가 상당히 많다. 다른 곳에 합격해서 마음의 여유가 있어도 지원한 회사에 대한 기본 정보는 알고 면접에 가는 것이 기본 예의다. 지원자의 요건이 아무리 뛰어나도 회사의 기본 정보를 모르는 채 면접을 보러 온다면 관심을 가질 면접관은 거의 없다.

면접을 보러 가기 전에 회사에 대해 알아야 할 몇 가지 사항이 있다. 첫 번째는 회사에 대한 전반적인 이해다. 회사 홈페이지에 들어가면 회사의 역사가 잘 나와 있다. 그 회사가 현재 진행하고 있는 사업을 알고 싶다면 다양한 뉴스 채널을 보자. 신제품에 대한 반응, 매출 그리고 비전도 자세히 알 수 있다. 두 번째는 지원한 직무에 대한 이해다. 간혹 지원자 중 입사 후 어떤 일을 하는지 전혀 모르고 오는 경우가 있다. 이 두 가지 사항은 면접에 가기 전 필수로 이해하고 가야 한다.

지각하는 지원자

면접을 진행하다 보면 꼭 늦는 지원자가 있다. 대부분 교통체증 때문에 늦었다는 핑계를 댄다. 물론 지원자의 말대로 교통체증 때문일 수도 있다. 그러나 이런 문제가 발생하는 가장 큰 이유는 지원자가 정시에 맞춰 도착하려 했기 때문이다. 대중교통이 아닌 자가용을 이용한다 해도 어떤 변수가 발생할지 모르기에 정시에 도착하기는 현실적으로 쉽지 않다.

나에게는 나만의 시간 규칙이 있다. 첫째, 면접을 보러 갈 때는 정해진 시간보다 무조건 한 시간 먼저 도착해서 준비한다. 둘째, 다른 회사와의 미팅에 갈 때는 약속 시간보다 30분 먼저 도착한다. 덕분에 천재지변이 생기지 않는 한 늦을 일이 거의 없었다. 면접 때만 아니라 입사 후에도 이 습관을 유지하면 거래 업체에서도, 회사

내에서도 자연스럽게 평판이 좋아진다.

동문서답형 지원자

지원자 중에는 면접관의 의도를 파악하지 못해 엉뚱한 답변을 하는 사람이 종종 있다. 보통 집중을 잘 못하거나 이해력이 부족한 경우가 그렇다. 없는 집중력을 채워줄 수는 없지만, 이해력이 부족한 부분은 해결할 방법이 있다. 면접을 보다가 이해가 되지 않는 부분은 면접관에게 간단하게 반대로 질문하면 된다. 질문을 할 때는 명확하게 이해한 부분과 이해하지 못한 부분을 구분해서 물어봐야 한다. "질문 의도를 제가 A로 이해했는데, 혹시 B가 맞나요?" 처럼 말이다. 막연하게 질문 전체가 이해되지 않는다는 식의 반문은 좋은 태도가 아니다. 면접관은 질문을 이해하지 못했더라도 이해가 되지 않는 부분을 구체적으로 물어본 후 제대로 된 답변을 찾으려 노력하는 태도를 보이는 지원자를 선호한다.

허풍형 지원자

면접에서 남들과 다른 자신의 매력을 보여야 한다는 강박관념 때문에 자신의 경험과 성과를 진솔하고 담백하게 설명하기보다 과장되게 말하는 지원자가 거의 대부분이다. 여기서 흥미로운 점은

'거의 대부분' 그렇다는 것이다. 그렇다면 면접관은 어떤 지원자에게 흥미를 느낄까?

보통 지원자는 면접 보는 동안 계속 자기 장점만 나열한다. 그래서 답변을 듣다 보면 티 하나 없이 완전무결해 보인다. '엄청나게 훌륭한 인재인데 왜 우리 회사에 지원했지'라는 의구심이 들 정도다. 이렇게 지원자가 근거 없이 장점만 나열하면 면접관은 지원자의 신뢰성을 의심한다.

장점이 정말 많다면 그에 반하는 허당 같은 매력도 어필할 줄 알아야 한다. 물론 고칠 수 없는 치명적인 단점을 말하는 것은 피해야 한다. 장단점을 패키지로 생각하고 양쪽 모두를 적절하게 피력할 때 더 좋은 결과를 얻을 수 있다.

2장

플랜 B를 준비하라

1.
면접에 많이 나오는 질문의 본질

면접관이 지원자에게 많이 물어보는 질문은 다음 표를 참고하면 어느 정도 알 수 있다. 면접이 시작되면 자기소개, 지원 동기, 기본 자질, 직무 역량 그리고 조직 적응력 순으로 질문이 들어오기 시작할 것이다. 이때 다양한 질문을 받았다고 해서 헷갈려 하지 말고 질문의 본질을 정확하게 파악한 후 자기 생각을 차근차근 풀어나가야 한다.

항목	질문 내용
자기소개	1. 1분 동안 자기소개를 해보세요.
	2. 자신의 장점과 단점을 말해보세요.
	3. 부모님께 가장 크게 영향을 받은 점은 무엇입니까?
	4. 취미와 특기가 있습니까?
지원 동기	1. 회사에 지원한 동기는 무엇입니까?
	2. 회사에 대해 아는 바를 말씀해주세요.
	3. 회사를 통해 이루고 싶은 목표가 있습니까?
	4. 담당 업무 외 다른 분야에 도전하는 것에 대해 어떻게 생각하시나요?
기본 자질	1. 직장인이 갖춰야 할 자질은 무엇입니까?
	2. 자신만의 스트레스 해소법이 있나요?
	3. 지금까지 살아오면서 좌절한 경험이 있나요?
	4. 자신이 원하지 않는 부탁을 받으면 어떻게 하나요?
직무 역량	1. 자기소개를 영어로 말해보세요.
	2. 저희 부서에 지원하기 위해 어떤 경험을 하셨나요?
	3. 개인적인 선약이 있는데 갑자기 상사가 일을 시키면 어떻게 처리하겠습니까?
	4. 타 회사에도 저희 회사에 지원한 직무에만 서류를 넣었나요?
조직 적응력	1. 상사와 의견이 맞지 않을 경우 어떻게 대처하겠습니까?
	2. 신입사원으로서 팀에 어떻게 기여할 생각입니까?
	3. 동료와 의견 충돌이 있을 경우 어떻게 대처하겠습니까?
	4. 입사 후 슬럼프가 왔을 때 어떻게 대처하겠습니까?

1.자기소개

면접관은 지원자가 자기소개를 하는 동안 자소서와 이력서의 내용이 서로 맞는지 여부를 검증한다. 이때가 지원자가 자신의 첫인상을 가장 강하게 보여줄 수 있는 시점이다. 첫인상에서 좋은 느낌을 전달하지 못하면 면접관 대다수는 지원자에게 호감을 잃으니 조심하자. 자기소개 시간은 짧기에 기승전결에 맞춰 자신을 어필해야 한다. 그러니 미리 정리해서 언제나 술술 말할 수 있을 정도로 연습을 충분히 하는 편이 좋다.

예시

우선 좋은 기회를 주신 면접관님께 먼저 감사 말씀드립니다. 저는 고려대학교 생명공학과를 졸업하고 삼성전자 무선사업부에 지원한 김민규입니다. 저는 대학교 재학 중 영어 모임 및 KBS 영어 캠프, 홍콩 항공사에 이르기까지 여러 가지 아르바이트를 했습니다. 이렇게 다양한 업무를 접하면서 제가 얼마나 부족한 사람인지 깨달았고, 그 부족한 부분을 어떤 식으로 채워나가야 하는지도 배웠습니다. 그래서 저는 제가 경험하지 못한 일을 시작하더라도 그에 맞춰 계획하고 실행할 줄 아는 인재라고 자신합니다. 부족한 부분이 많지만 무엇이든 채울 수 있는 하얀 도화지처럼 흡수력이 빠른 지원자 김민규입니다.

2.지원 동기

기업에 지원한 동기를 말할 때는 기업에 대한 이해도, 직무에 대한 명확한 목표 그리고 미래에 대한 비전을 이야기한다. 면접관이 지원자의 동기를 이해할 수 있는 수준이면 충분하다. 지원자의 지원 동기가 명확하다면 면접관은 지원자에게 더 많은 관심을 가진다.

예시

저는 고령화 시대에 다가설수록 헬스케어에 관심을 가지는 사람이 늘어나므로 그와 관련한 시장이 더 활성화되고 비전이 있는 사업이라고 판단했습니다. 제가 파악한 바로 헬스케어는 크게 제약 시장과 의료기기 시장으로 나뉘는데, 저는 제약보다는 의료기기가 사업이 확장될 가능성이 있고 더 많은 기회가 직원에게 돌아갈 수 있다고 생각했습니다. 업무 자체도 매력적이지만, 사람들의 건강을 책임지는 일이므로 일과 동시에 보람도 느낄 수 있겠다고 생각했습니다. 그래서 헬스케어 산업에서 가장 글로벌한 기업인 존슨앤드존슨 메디컬에 지원하게 되었습니다.

3.기본 자질

기본 자질이란 지원자의 타고난 성품이나 소질을 의미하며, 지원자의 인성을 본다고도 말할 수 있다. 면접관은 약속을 잘 지키는지, 스트레스 관리는 어떻게 하는지, 새로운 문제를 해결할 만한 능력은 있는지 등 지원자의 매우 전반적인 자질을 보고 싶어 한다. 면접관에게 기본 자질을 설명하는 일은 매우 간단하게 보일지 모르지만, 사실은 설명하기 매우 어려운 항목이다.

예시

저는 친구들과 한 약속이라도 항상 약속 시간보다 30분 일찍 도착하는 습관을 가지고 있습니다. 하지만 약속보다 적게는 30분 또는 1시간씩 늦는 친구가 꼭 있었습니다. 그래도 정시에 오는 친구도 있다고 생각하며 매번 30분 일찍 나갔지만 친구들은 여전히 늦었습니다. 이런 상황이 반복되자 친구들과의 약속이 스트레스로 다가 왔습니다. 그래서 생각을 바꿔 친구들과 약속이 있는 날에는 책이 나 노트북을 가지고 가서 제 할 일을 하기 시작했고, 제 일을 하고 있으면 친구들이 하나 둘씩 오기 시작했습니다. 친구들을 기다리는 시간에 제 일을 하면서부터 약속 시간에 대한 스트레스를 받지 않게 됐습니다. 그뿐 아니라 그 시간을 매우 효율적으로 사용할 수 있었습니다.

4.직무 역량

취업을 준비하는 대학생이 직접적인 업무 경험을 쌓기는 쉽지 않기 때문에 직무 역량 부분은 거의 모든 지원자가 동일선상에 있다고 할 수 있다. 그래서 면접관은 재학시절 어떤 경험과 배움이 있었는지, 그리고 그 경험이 회사가 원하는 바와 연결되는지 궁금해한다. 만약 관심이 있는 회사의 직무와 관련한 경험이 없다면 지금부터 그 경험을 찾아 자신과 계속 연결하면서 면접을 준비하면 훨씬 더 좋은 결과를 예상할 수 있다. 보통 면접관은 아는 것과 행하는 것은 다르다고 생각하므로 행동하는 자를 훨씬 더 선호한다.

예시

대학교 3학년 때 벤쿠버에 있는 케세이패시픽 항공사 인턴십을 수료했습니다. 자사와 연관된 기업이 요청하는 서류를 정리해 발송하거나 송금되지 않은 금액을 유선상이나 이메일로 처리하는 업무를 맡았습니다.
저는 이 인턴십 기간 동안 서류를 정리하고 다른 기업과 소통하면서 제가 필요로 하는 부분을 처리하는 방법을 배웠습니다. 타부서와 소통하고 일을 처리하는 방법을 이미 경험했기에 회사에 입사한다면 똑같은 업무는 아니어도 더 빨리 적응할 수 있다고 생각합니다.

5.조직 적응력

지원자가 아무리 뛰어난 능력을 갖추고 있더라도 조직에 적응할 수 없다면 합격이라는 결과를 예상하기가 쉽지 않다. 물론 개발 분야를 지원하는 사람은 조직에 적응하지 않고 혼자만 잘하면 된다고 생각하기도 한다. 하지만 어떤 분야라도 입사 후에 회사에 적응하지 못하면 그만두게 될 확률이 높아진다. 회사는 공동체이지 혼자 일하는 곳이 아니다. 만약 혼자 일하는 것을 좋아한다면 프리랜

서나 창업을 추천한다. 게다가 회사도 조직에 순응하지 못하고 혼자만 일하는 것에 익숙한 사람에게는 승진 기회 또는 사람을 관리할 수 있는 매니저 이상의 직급은 주지 않는다. 조직에 적응할 수 있는지는 합격 여부를 판단하는 가장 중요한 요소다.

예시

저는 재학 시절 KBS 영어 캠프에서 총 2년간 방학 때마다 일했습니다. 영어 캠프에서 일하기 전에는 사람들과 어울리는 것에 익숙하지 않았을 뿐 아니라 다른 사람들과 소통하는 것도 어려워했습니다. 하지만 영어캠프에서 15명의 학생이 있는 학급의 담임이 됐고, 또 전체 40명 스텝 중 한 명이었기 때문에 자연스럽게 사람들과 호흡하고 소통할 일이 많아졌습니다. 처음에는 힘들었지만 일을 하면서 부족한 부분은 도움을 요청하는 식으로 솔직하게 표현하다 보니 의사소통하는 법을 자연스럽게 배울 수 있었습니다. KBS 직원 그리고 40명의 스텝과 2년간 일하면서 소통하는 데 적응했을 뿐만 아니라 여유가 있을 때는 도움을 필요로 하는 스텝을 도와주면서 재미와 보람도 느꼈습니다.

예시들은 내가 대학생 때 실제로 면접관의 질문에 대답한 내용이다. 물론 이 예시가 정답은 아니다. 단지 내가 면접관이 무슨 의도로 질문했는지 이해하려고 노력했고, 그 질문의 본질에 가까운 답을 찾으려 했음을 보여주고 싶었다.

예상했겠지만 나도 면접에서 매우 많이 탈락했다. 하지만 합격한 곳이 훨씬 더 많다. 면접에서 원론적인 답변을 하기보다 나처럼 사례 위주로 답변하는 연습을 계속하면 입사 기회뿐 아니라 입사 후에도 더 좋은 기회가 여러분을 기다리고 있을 것이다.

2.
팝업 창만 보지 말고 발로 뛰어라

취업을 준비하는 많은 사람들이 인터넷 사이트에 올라온 구인광고를 보고 지원한다. 4년 전, 존슨앤드존슨 인사과 팀장에게 인턴십 경쟁률이 250 대 1이라고 직접 들은 적이 있다. 결국 인터넷에 쏟아지는 구인광고는 모든 사람이 볼 수 있어 경쟁이 매우 치열하므로 지원자가 경쟁 우위를 가지기가 쉽지 않다는 말이다.

물론 모든 스펙이 상위 1퍼센트에 이를 정도로 완벽하다면 취업 사이트와 학교 홈페이지에 올라오는 정보만으로도 충분할 것이다. 하지만 스펙이 부족하다면 다른 방법으로 정보를 얻어야 한다.

다음 장의 표를 보자. 그 어느 때보다 청년실업률이 계속 증가하

연도별 청년실업률 추이

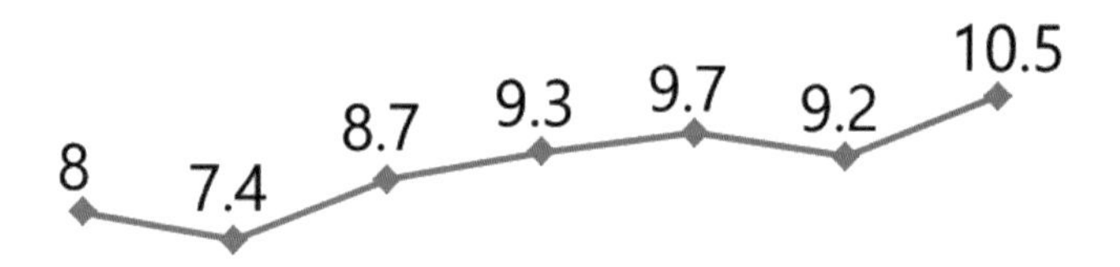

2012 2013 2014 2015 2016 2017 2018

출처: 통계청

고 있다. 아인슈타인은 "미친 짓이란 똑같은 일을 반복하면서 다른 결과를 기대하는 것"이라고 정의했다. 혹시 상황이 더 나빠졌는데도 선배 혹은 동기와 같은 방법을 고수하면서 더 좋은 결과를 기대하고 있지는 않은지 스스로 생각해보기를 바란다. 이 장에서는 남들과 다른 방법으로 구인 정보를 얻을 수 있는 채널을 이야기할 것이다.

한경 경제용어사전

헤드헌터

[head hunter]

기업의 최고경영자 임원이나 첨단기술자 과학자 등 고급기술 인력을 필요로 하는 기업이나 기관에 소개해주는 대가로 거액의 수수료(소개해주는 인력이 받는 연봉의 20% 내지 50%선)를 받는 민간인력 소개업체를 말한다. 미국 등 선진국에서는 대부분 기업의 임원채용은 물론 경영 컨설팅까지도 이 업체에 의존하는 등 보편화되어 있다.

1. 헤드헌터

취업을 처음 준비하는 지원자에게는 생소할 수 있지만, 헤드헌팅 회사는 취업을 준비하면서 꼭 알고 지내야 할 곳이다. 이곳은 여러분 같은 지원자를 좋은 기업에 소개해줄 연결 고리를 가지고 있는 기업으로, 지원자를 회사에 입사시킨 후 지원자에게 수수료를 받는 것이 아니라 회사에게 수수료를 받는다. 헤드헌터의 중요성을 깨닫고 경력 있는 헤드헌터 두어 명과 좋은 관계를 맺고 지내면 자연스럽게 커리어 관리를 받을 수 있다.

물론 헤드헌터는 기본적으로 경력직 지원자에게 관심이 많다. 기업 대다수가 신입은 공채로 뽑거나 수시로 회사 내부에서 추천받아 해결하고 경력직을 찾을 때만 헤드헌팅 회사에 요청하기 때문이다. 드물지만 헤드헌터가 신입을 기업에 소개해주는 경우도 있다. 여기서 주목해야 할 점은 헤드헌터는 자신과 계약한 다양한 회사에 대해 개인이 알 수 없는 범위의 정보까지 매우 잘 안다는 사실이다. 예를 들어 나이키가 A라는 헤드헌팅 회사와 거래하고 있다면 당장 나이키가 신입을 뽑지 않아도 A 회사는 나이키에 입사하는 데 필요한 최소한의 경력이 무엇인지 누구보다 잘 안다. 그래서 꼭 자신에게 맞는 헤드헌터를 찾아야 한다. 이런 정보를 얻을 수 있기 때문이다.

헤드헌팅 전문, 잡앤스카우트 www.jobnscout.com
프리미엄 헤드헌팅 선두주자, 전문분야별 헤드헌팅, 임원급, 경력직, 핵심인재 채용

헤드헌팅 NO1.탑앤스카우트 topnscout.com
헤드헌팅업체, IT, 금융, 글로벌, 제조, 소비재 등 핵심인재 헤드헌팅

헤드헌팅 중개플랫폼 위크루트 www.wecruit.co.kr
쉽고 빠른 기업-헤드헌터 연결 플랫폼, 이용료 완전 무료! **헤드헌팅업체**

전문헤드헌팅그룹 가이스HRG www.gaishrg.com
기업과 함께하는 전문헤드헌팅 그룹, 분야별 전문헤드헌터, 핵심인재, 무료법률자문

인재 채용의 모든것 키스템프 www.kistemp.co.kr
인재파견, 헤드헌팅 전문업체, 아웃소싱, 채용대행 등 서비스 안내.

헤드헌팅회사 맨파워프로 www.manpowerpro.co.kr
헤드헌팅 전문기업. 산업분야별 전문 **헤드헌팅업체**. 임원채용, 경력직채용 헤드헌팅

헤드헌팅업체 사람인HS www.saraminhs.co.kr/
각 분야별 No.1 **헤드헌팅업체**, 고급, 핵심인재 채용.

헤드헌팅업체, 반석써치 www.banseog.co.kr
5000여 기업 HR파트너, 글로벌 대형 **헤드헌팅업체**, 전문분야별 **헤드헌팅업체**

헤드헌터 굿매칭 캐스팅엔 www.castingn.com N 로그인
신입, 경력직, 전문직 등 채용대행 전문업체, 신뢰할 수 있는 인력 채용 캐스팅엔

헤드헌팅업체 피앤제이컨설팅 pnjcon.co.kr
헤드헌팅업체 헤드헌팅전문, 분야별 핵심인재, 고급경력직 컨설팅전문기업.

2. 학교별 취업 캠퍼스

모든 대학교는 학교에 기업들을 초청하는 취업 캠퍼스를 연다. 단, 학교마다 참가하는 기업이 다르다. 글로벌 기업과 대기업이 모든 학교에서 취업설명회를 개최하는 것은 아니라는 말이다. 예를 들어 맥킨지 사는 특정 대학교 몇 군데에만 참가한다. 회사마다 내부적으로 정한 기준이 있고 자원이 제한돼 있기 때문이다.

인터넷으로는 다른 학교의 취업 캠프 내용을 보기가 쉽지 않으므로 그 학교에 다니는 지인을 통해 일정을 받아보는 편이 가장 간단하다. 원하는 취업 캠퍼스를 연 학교에 지인이 없을 때는 그 대학교 취업센터에 전화해서 다른 학교 학생인데 학교의 일정을 알고 싶다고 도움을 요청하자. 물론 도움을 주지 않는 학교도 있겠지만 대다수는 도움을 줄 것이다. 왜냐하면 그런 전화를 받아본 적도, 이런 열정이 있는 학생도 보지 못했기 때문이다.

원하는 기업의 취업설명회에 참석할 수 있게 됐다면, 담당자를 만나기 전에 이력서와 자소서를 반드시 준비하라. 기업에서 나온 사람들은 대부분 자신의 일을 뒤로 미루고 나왔기 때문에 모든 지원자에게 시간을 할애할 수 없다. 이때 자신이 이 기업에 관심을 갖는 이유를 이야기하며 준비한 서류를 같이 보여주면 이들이 지원자를 훨씬 더 빠르게 파악할 수 있게 해준다. 보통 취업설명회에 오는 현직자는 어느 정도 지위가 있는 사람들이기 때문에 지원자를 인사과와 연결해줄 수도 있고, 그 외에 다른 기회를 제공할 수도 있다.

3. 취업컨설턴트

취업컨설턴트는 대부분 기업에서 일한 경험이 있으므로 취업 준비생에게 도움을 줄 수 있는 사람들이다. 인터넷상에 정말 많은 컨설턴트가 존재하므로 회사 홈페이지에서 회사 대표와 강사의 이력을 점검하고, 도움이 될 듯한 컨설턴트들을 찾아가면 된다. 단순하게 '대기업 최종 합격'이나 '외국계 기업 근무'라고만 써놔서 어느 회사를 다녔는지, 정말 최종 합격했는지 알 수 없는 컨설턴트는 가급적 피하는 것이 좋다. 나만의 기준을 세우고 내게 맞는 컨설턴트를 찾아가서 면담하자. 물론 면담 비용은 들지 않는다.

같은 방법으로 서너 개의 업체와 면담을 진행하면 어떤 컨설턴트가 내게 도움이 되는지 파악할 수 있고, 자신에게 부족한 부분이 무엇인지도 자연스럽게 알 수 있다. 취업컨설턴트가 지적한 부족한 부분을 혼자서 메울 수 있으면 스스로 진행하고, 만약 자신이 채우지 못하는 부분이라면 컨설턴트에게 요청해서 올바른 방향으로 멘토링을 받는 것도 좋은 방법이다.

KU KONKUK UNIVERSITY 취창업전략처 (대학일자리사업단)

HOME | 위인전 | 건국대학교 | 취업지원센터/진로교육센터 페이스북

취창업전략처 소개	진로·취업프로그램	인턴십 프로그램	창업프로그램	취업자료실	공지사항	기업서비스
인사말	진로/취업프로그램 소개	현장실습 프로그램 안내	창업 프로그램 안내	온라인 취업솔루션 대기업 직무적성검사	취창업전략처소식	채용/아르바이트 정보 게시
취업지원센터	진로/취업 비교과 프로그램 신청	현장실습 프로그램 신청	창업 스터디 및 동아리	NCS기반 진로가이드	외부행사	캠퍼스리쿠르팅, 채용설명회, 채용상담회 진행
사업단운영센터	진로 및 취업교과목 소개	IPP 프로그램 안내	창업 경진대회(1차)	NCS기반 면접가이드		추천채용
진로교육센터	취업/진로상담 신청	IPP 프로그램 신청	창업 경진대회(2차)	채용/알바정보 바로가기		
현장실습지원센터			창업 교육			
IPP듀얼공동훈련센터			창업 캠프			
창업자람허브			네트워킹			
			시제품 제작 지원			
			해외 진출 지원			

4. 대학교 내 취업 컨설팅 서비스

최근 정부가 대학생의 취업에 관심을 보이고 지원을 많이 해 대학교 내부에 있는 취업 컨설팅 서비스의 질이 상당히 좋아졌다. 정확하게 원하는 회사를 고르기에는 제한적일 수 있지만, 취업 준비생에게 전반적인 가이드라인을 제시해주므로 한 번 정도는 꼭 이용하기를 추천한다.

위 목록은 건국대학교에서 진행하는 취업 프로그램에서 발췌한 것이다. 건국대는 취업 컨설팅 서비스가 잘 준비된 학교에 속한다. 모든 학교가 건국대학교만큼 준비돼 있지는 않지만, 그래도 어느 정도 이상은 준비돼 있다.

취업 준비생은 학교에서 진로 취업 프로그램, 인턴십 프로그램,

창업 프로그램, 취업 자료실 등 다양한 서비스를 이용할 수 있다. 취업 지원관과 만나 각 프로그램을 이해하고 직접 체험하면 상당히 도움이 될 것이다. 대기업에 취업하려는 학생도 창업 프로그램이 어떻게 구성돼 있는지, 그 프로그램에 참여하는 학생은 무엇을 하는지 파악하고 이해하면 좋다.

준비할 수 있는 시간이 충분하지 않다면 선택과 집중을 해야겠지만, 여유가 있다면 다양한 것을 직접 체험해보고 배워가면서 맞지 않는 것을 하나씩 배제하는 방법으로 자신이 원하는 길을 찾아가는 방식이 가장 좋다.

5. 외국계 기업 취업박람회

포털사이트에 '취업박람회'를 검색하면 외국계 기업과 국내 기업 취업박람회를 쉽게 찾아볼 수 있다. 목표 기업 및 산업군을 정하고, 이력서와 자소서는 기본 패키지임을 기억하자. 만약 어떤 회사를 목표로 하는지, 어떤 산업군에 들어가고 싶은지 아직 정하지 못했다면 취업박람회에서 많은 현직자와 다양한 이야기를 나누며 범위를 꾸준히 좁히면 된다.

취업박람회는 보통 수 개월 전에 공고가 나기 때문에 미리 알아보고 스케줄 체크를 해두면 일정을 관리하기 편하다.취업 준비는 한두 달 만에 결정되는 것이 아니라 길게는 1년, 짧게는 6개월 단

위로 계획해야 하기 때문에 스케줄을 미리 짜놓는 것이 중요하다. 참고로 많은 기업이 2월이나 3월 또는 9월부터 11월에 구인 공고를 낸다.

제13회 외국인투자기업 취업박람회 전자신문 2018.06.14. 네이버뉴스

제13회 외국인투자기업 취업박람회가 14일 서울 강남구 코엑스에서 열렸다. 구직자들이 채용게시판을 살펴보고 있다. 구직자가 가지런히 손을 모은 채 면접을 보고 있다. ▶ 전자신문 바로가기

[이지 취업] 기업 채용박람회 개막…139개사 참가, 1034명 채용 예정

이지경제 2018.06.14.

한 구직자가 14일 서울 강남구 코엑스에서 열린 '제13회 외국인투자기업 채용박람회'에서 취업상담을 받고 있다. 사진=뉴시스 한 구직자가 14일 서울 강남구 코엑스에서 열린 '제13회 외국인투자기업 채용박람회'에서...

ㄴ [르포] "시험기간인데 왔어요" 외국… 아주경제 2018.06.14.

ㄴ 외투기업 139개사 1000여명 뽑는다 디지털타임스 2018.06.14. 네이버뉴스

[포토] 구직자 몰린 외국인 투자기업 채용박람회

국민일보 18면1단 2018.06.14. 네이버뉴스

구직자들이 산업통상자원부와 대한무역투자진흥공사(코트라)가 14~15일 서울 강남구 코엑스에서 개최하는 '2018년 외국인 투자기업 채용박람회'를 찾아 취업 정보를 살펴보고 있다. 이번 박람회에는...

붐비는 외국인 투자기업 채용박람회 연합뉴스 2017.10.12. 네이버뉴스

12일 서울시 강남구 코엑스에서 열린 제12회 외국인 투자기업 채용박람회에서 취업준비생들이 박람회장 입장을 위해 줄지어 서 있다. 2017.10.12 leesh@yna.co.kr 기자가 기다려요. 기사 문의 및 제보는 여기로(클릭!...

ㄴ 붐비는 외국인 투자기업 채용박람회 연합뉴스 2017.10.12. 네이버뉴스

ㄴ 붐비는 외국인 투자기업 채용박람회 연합뉴스 2017.10.12. 네이버뉴스

ㄴ 제12회 외국인 투자기업 채용박람회 연합뉴스 2017.10.12. 네이버뉴스

ㄴ 뜨거운 열기 외국인 투자기업 채용박… 연합뉴스 2017.10.12. 네이버뉴스

관련뉴스 6건 전체보기›

외국인 투자기업 채용박람회

파이낸셜뉴스 2면3단 2017.10.12. 네이버뉴스

12일 서울 영동대로 코엑스에서 열린 '제12회 외국인 투자기업 채용박람회'에서 취업준비생들이 상담하고 있다. 사진=김범석 기자 ▶ 속보이는 연예뉴스 fn스타

3.
외국계 기업과 대기업 취업만이 성공인가?

보통 대학교를 졸업한 후 전문 자격증을 취득하거나 글로벌 기업에 취업하면 주변에서도 인정하고 스스로도 잘한 선택이라고 믿는다. 불과 얼마 전까지만 해도 나도 회사의 네임밸류와 연봉이 가장 중요하다고 믿어온 평범한 직장인 중 한 명이었다.

내 선배는 글로벌 금융회사에 다닌다. 이 선배는 5년 전만 해도 자신은 한국 지사 부은행장 정도는 무조건 할 수 있다고 자신감을 표했다. 하지만 최근 회사 사정이 좋지 않아졌다. 당장 회사에서 권고사직을 받을 정도는 아니지만 승진은 아예 포기한 듯하다. 얼마 전에는 남자 선배인데도 1년 육아 휴직을 내고 캐나다로 떠나

려 한다는 이야기를 하기도 했다. 회사에 비전도 재미도 없고, 다들 일을 안 하니 자신도 하고 싶지 않다는 이유였다. 물론 그 선배는 억대 연봉자다. 하지만 그 이상도 이하도 아니다. 팀장도 아닌 직원이 1년 동안 육아 휴직을 낸다는 말은 곧 승진 기회를 다 포기한다는 의미다.

2018년 6월 25일자 GM의 공장 폐쇄 관련 기사를 보면 GM 직원들이 회사를 회생시키려고 스스로 연봉을 삭감하고 성과보수를 받지 않는 등의 다양한 자구책을 통해 노력하고 있다고 한다. 또 지인이 근무하는 회사라 이름을 언급하기는 어렵지만 전 세계적으로 매우 유명한 어떤 회사도 최근 계속해서 매출이 감소해 문제가 됐다. 최근 판매를 시작한 제품이 대박이 터진 덕분에 전체 매출이 예전의 성장세로 올라가는 중이긴 하지만, 그럼에도 한국 지사 전체 인원의 절반을 정리 해고했다. 회사의 성장 지속성에 문제가 있다고 판단한 것이다. 당장 닥친 문제는 아니지만 앞으로 매출에 대한 이슈가 있을 것을 미리 예상하고 이런 대대적인 해고 통보를 했다고 한다.

이처럼 글로벌 기업은 사업이 잘되고 있을 때는 직원에게 매우 훌륭한 연봉과 복지를 제공하지만, 사업이 잘 풀리지 않으면 한국에서 쉽게 철수하는 경우도 흔하다. 하지만 상황에 일희일비하지 말고 시장에서 내 가치가 어느 정도인지 지속적으로 체크하면서 언제 올지 모를 기회를 위해 항상 준비한다면 위기는 곧 기회가 될 것이다. 반면 입사 후 자기계발 및 경력 관리를 하지 못하면 아무리 좋은 기업에 들어가도 곧 위기를 맞을 수밖에 없다.

스무 살 때 세상은 승자와 패자, 둘로 갈라진다.
붙은 자와 떨어진 자.
나의 스무 살은 이렇게 승리의 축제로 뒤덮였고, 나는 내 장래를 위한 어떠한 구상도 노력도 하지 않았다.
나의 스무 살은 이렇게 친구, 선배, 여자, 술, 춤으로 가득 찼다.
세상은 둘로 갈라졌고, 나는 승자팀에 속해 있었기에 이제 아무 걱정 없이 살면 되는 줄 알았다.
하지만 그로부터 7년 후, 나는 놀라운 사실을 목격했다.
대학에 떨어져 방황하던 그 친구가 방황한 이야기를 책으로 써 베스트셀러가 되는가 하면, 명문대를 나와 대기업에 취직한 친구가 구조조정으로 실업자가 되기도 하고, 춤을 추다 대학에 떨어진 친구가 최고의 안무가가 되기도 했으며 대학에 못 가서 식당을 차린 친구는 식당이 번창해서 거부가 되기도 했다.
스무 살에 본, 영원할 것만 같던 두 세상은 어느 순간부터 아무런 의미도 영향력도 없는 듯 했다.
스무 살, 그것은 시작일 뿐이었다.

이 글은 가수 겸 제작자인 박진영 씨가 2014년도 수학능력시험 당일 자신의 트위터에 올린 '수능을 마치고 돌아온 수험생들에게'라는 제목의 글이다. 글로벌 기업에 취업하는 일도 박진영 씨의 말과 크게 다르지 않다. 솔직하게 말하면, 나 역시 신입사원 때는 학교 동기보다 조금 더 높은 연봉을 받는다는 사실에 도취돼 있었다. 그리고 내가 무엇을 좋아하는지보다 억대 연봉과 임원이라는 외부의 시선에 많이 끌려 다닌 것 또한 사실이다.

대기업에서 벤처 기업으로 직장을 옮길 때, 내 지인들은 거의 전부 반대했다. 그렇게 옮긴 벤처 회사가 자리를 잡을 무렵 회사를 그만두고 1인 기업을 시작하려 할 때, 또 거의 모든 지인이 반대했다. 지인들은 현재의 안정적인 기회에 중점을 두는 반면 나는 미래의 기회를 위해 현재 모험을 하는 타입이다. 이 두 관점은 많이 다를 뿐 맞고 틀리고의 문제는 아니다. 지금의 결정이 옳은 일인지는 나도 아직 모르지만, 마음이 하고 싶은 일을 따라가려 한다. 나는 단지 결과에 실망할 수는 있어도 미련과 후회 없이 살고 싶을 뿐이다.

학교 동기인 C 씨는 국내에서 가장 잘나가는 맥주 회사에 공채로 들어갔는데, 배치된 부서가 해외 영업부였다. 하지만 C 씨는 언어와 외국어를 좋아하지 않았다. 그래서인지 해외 영업부에서 오랫동안 근무해도 영어 실력이 늘지 않았다. 결국 부서장이 부서 내에서 계속 이동시키다가 결국 그를 지방 공장의 품질관리 부서로 보냈다. C 씨를 오랫동안 보고 느낀 점은 해외영업 부서가 그 친구에게 어울리는 부서는 아니었다는 것이다. 그는 최근 다른 맥주 회사의 품질관리 부서로 이직했지만, 재미를 느끼고 있지는 않은 듯하다. 얼마 전에 영업 포지션으로 옮기려고 내게 취업 컨설팅을 의뢰했기 때문이다.

와이브레인이라는 벤처 기업에 다니던 시절, 연세대학교 출신의 상당히 똑똑한 직원을 본 적이 있다. 그 친구가 흥미로웠던 이유는 대학교를 졸업할 때부터 사업을 하고 싶어서 계속 벤처 기업만 찾아다니고 있었기 때문이다. 그녀가 퇴사하겠다고 했을 때 와이브레인에 꼭 필요한 인재였기에 여러 가지 방법으로 회유했지만, 그 친구는 결국 회사를 그만뒀다. 그 이후에도 계속 여러 벤처 기업을 옮겨 다니다 최근에야 자신의 실력을 인정받고 연봉도 일정 수준 이상 받으면서 즐겁게 근무하고 있다는 소식을 들었다.

대기업을 가지 말라는 말이 아니라 이제 외국계 기업, 국내 대기업, 벤처 기업의 네임밸류가 중요하던 시대는 지났다는 말이다. 아버지 세대의 방식, 선배가 해오던 방식으로는 더 이상 자리 잡기가 쉽지 않다. 그러므로 자신이 무엇을 잘하는지, 무엇에 관심이 있는지 정확하게 알아보고 취업을 준비해야 어떤 위기가 오더라도 현명하게 대처할 수 있다는 말을 꼭 전해주고 싶다.

4.
현실적인 '플랜 B'를 계획하라

존슨앤드존슨 선배와의 대화

얼마 전 존슨앤드존슨을 퇴직한 후 의료기기 사업을 시작한 선배와 함께 점심식사를 했다. 선배는 외국 의료기기 회사의 본사 사장과 미팅한 후 내가 있는 사무실로 찾아왔다. 땀을 많이 흘리기에 날씨가 더워서 그런 것인지 물어봤더니 오랜만에 두 시간 동안 미국 본사 직원과 영어로 비지니스 미팅을 하다 보니 진땀을 흘렸다고 말했다. "나도 영어 공부를 해야 하는데……"라고 했더니 지금 필요하지 않아도 꾸준히 공부하라는 조언을 해줬다. 그리고 정작 영어가 필요한 친구들은 할 생각도 하지 않고 '이 정도면 충분하다'는 말을 항상 입에 달고 다닌다고도 말했다.

이처럼 당장 필요하지 않는 듯 보이는 일을 하는 것은 매우 중요하다. 필요하다고 느낄 때는 이미 늦었기 때문이다. 기회는 우리를 기다리지 않고 순식간에 사라진다. 그리고 기회가 왔을 때 그 기회를 잡는 사람은 항상 '플랜 B'를 준비하고 있다.

대학생 때로 돌아간다면

대학생 때로 돌아간다면 나는 맥킨지, 배인앤컴퍼니, 보스턴컨설팅 같은 컨설팅 펌에서 일하려 했을 것이다. 당시에는 워낙 스펙이 부족해 시도조차 하지 않았는데, 아직까지 후회로 남는다. 만약 대학생 시절로 돌아갈 수 있다면 위 세 회사에 직접 전화해서 아르바이트를 하고 싶다고 할 것이다. 이력을 밝히고 인사과에 직접 찾아가 기회를 얻을 것이다. 지금 인턴을 뽑고 있지 않으니, 그리고 스펙이 부족하니 인턴이 아닌 아르바이트생으로나마 회사 일을 어깨 너머로 배우며 회사 분위기를 느껴보고 싶다고 말할 것이다. 만약 유급 아르바이트가 안 된다면 무급이라도 괜찮다고 말이다. 서른 곳을 골라 같은 방법으로 부딪혔다면 최소 두 곳은 기회를 주지 않았을까?

그리고 지금 제일 잘나가는 벤처 기업과 AI, 블록체인, 송금, 의료기기 등 뜨는 산업군을 주력으로 하는 업체에 연락할 것이다. 벤처 기업은 보통 인턴을 뽑지 않지만, 회사도 커가는 과정에 있고 언젠가는 인턴을 뽑아야 하는데 나를 통해 그 프로세스를 갖추면 어떻겠느냐고 인사과에 제안하고 싶다. 이렇게 해서 1년 동안 많게는 3개월씩 네 곳의 회사에서, 적으면 6개월씩 두 곳의 회사에서 인턴으로 일하며 실무와 산업군에 대한 이해를 높일 것이다.

이런 방법으로 다른 지원자와 달리 부족한 스펙을 실무경험으로 채운 후, 내가 원하는 기업에 지원할 것이다. 면접관은 대기업 인턴을 하지 못하는 상황에서 원하는 바를 얻으려고 벤처 기업에 지원해 실무를 경험했다는 대학생을 쉽게 보지 못할 것이다. 이렇게 준비한다면 설령 학점이 2점대이고 토익이 800점이라도 기업 대다수가 나를 상당히 매력 있는 인재로 바라볼 것이다.

해외에서 인턴을 하는 동안 아쉬웠던 점

대학생 시절 밴쿠버에서 약 3개월 정도 홍콩 항공사인 캐세이퍼시픽항공의 인턴십을 한 적이 있다. 그래서 해외에 나가기 전에 외국인 교환 학생을 대상으로 도우미 활동을 하며 자연스럽게 영어 회화를 익혔다. 캐나다에서 인턴십 근무를 하는 동안 외국인들과 어울렸지만, 한국에서 하던 일의 연장이라 생각해서 그런지 별 다른 흥미를 느끼지 못했었다. 그리고 인턴십이 끝난 후 바로 귀국해버리는 중대한 실수를 저질렀다.

이때로 돌아간다면 일은 두 달 정도만 하고 10개월 정도 차를 빌려 캐나다 전국 일주를 했을 것이다. 하지만 당시 나는 캐나다는 인턴십을 하는 곳이자 영어를 배우러 온 곳이라는 획일적인 사고방식에 갇혀 있었다. 결국 '조금만 틀을 깨고 캐나다 일주라는 모험을 했다면' 하는 아쉬움이 남았다. 여러분이 원하는 일은 각자 다르겠지만, 어떤 결정을 할 때는 확실하지 않은 점이 있어도 도전과 모험을 조금 더 과감하게 시도하라고 조언하고 싶다.

숙명여자대학교 학생의 취업 컨설팅

'위워크wework'라는 공유 오피스에 사무실을 얻어 일을 하다 보니 자연스럽게 다양한 벤처 기업의 대표를 만날 기회가 생긴다. 한 번은 한양대학교를 졸업하고 삼성SDI에 들어갔다가 한 달 만에 자기 일이 아니다 싶어서 그만두고 패션 사업을 시작한 한 대표의 요청으로 숙명여자대학교 학생의 취업 컨설팅을 진행한 적이 있다. 상경계열 출신인 이 학생은 외국계 광고 회사에서 인턴십을 하고 있었고, 컨설팅 회사에서 근무하고 싶어 했다. 학점은 3점대 중반이었지만 외국에서 오래 살다 와서 영어 점수가 높고 회화 실력도 편하게 비지니스 영어를 할 수 있는 수준이었다.

미팅을 진행해보니 글로벌 컨설팅 기업에 취업하고 싶어 하는데 학벌, 영어 점수, 학점 그리고 경력까지 어떤 것 하나 다른 지원자에 비해 우수한 점이 없었다. 게다가 이력서와 자소서조차 스스로 정리하지 못해 서류 통과조차 쉬워 보이지 않았다. 그냥 막연하게 인턴십만 여러 곳에서 하면 취업할 수 있다고 생각했고, 또 숙명여대는 기본적으로 취업하는 데 큰 어려움이 없는 학벌이라고 여기는 듯했다. 이렇게 자신이 무엇을 잘하는지도 모른 채 남들과 똑같은 방법을 사용한다면 원하는 곳에 취업하기 정말 어렵다.

대기업에서 인턴십 근무 기회를 얻기 어렵다면 괜찮은 벤처 기업에서라도 인턴십을 하며 실무 경험을 쌓을 필요가 있다. 이 학생에게도 같은 이야기를 해줬다. 실제로 서류 작업, 부서 간 커뮤니케이션을 겪어보며 스스로를 실무가 가능한 인재로 만들어가는 과정이 필요하다. 내가 말하는 방법은 수많은 플랜 B 중 하나에 불과하다. 자신만이 할 수 있는 플랜 B를 찾고 적극적으로 실행하자.

5.
멘토가 없으면 반드시 만들어라

한 인터뷰에서 소설가 김영하 씨는 "멘토는 더 이상 필요 없다"고 말했다. 어떤 의미에서는 맞는 말이다. 요즘 시대의 멘토는 일방적으로 지식을 전달하는 것이 아니라 멘티의 고민을 가지고 서로 의견을 나눌 수 있어야 한다. 과거에는 자신의 지식만 전달해도 충분히 멘토 역할을 할 수 있었다. 하지만 이제는 멘토가 쓴 방법을 멘티가 답습하는 것만으로는 더 이상 동일한 성공을 보장하지 못하는 시대다.

존슨앤드존슨에서 근무할 당시 팀의 이사님이 멘토에 대한 자신의 생각을 말한 적이 있다. 이사님은 멘토는 아무나 하면 안 된다고 생각한다고 했다. 멘토가 준비되지 않은 상태여도 의도치 않게 멘티의 인생을 좌지우지할 수 있기에, 스스로가 멘토로서 부족하다고 생각하면 어떤 조언도 하면 안 된다는 것이다. 나도 회사 생활과 커리어 컨설팅 상담을 하면서 멘토는 해당 분야에서 최소 10년 이상 일한 사람이 하는 것이 바람직하다고 느꼈다.

신입사원은 최소 팀장급 이상에게 조언을 받아야 나아갈 방향을 올바르게 설정할 수 있다. 2~4년 차 직원이 신입사원이나 대학생에게 멘토링을 해주는 것은 바람직하지 못하다. 소설가 김영하 씨의 말처럼 적은 경험과 좁은 시야를 가진 사람이 어느 방향으로 가야 할지 모르는 취업 준비생을 이끌면 그 말이 진리라고 착각한 대학생들은 다양한 경우의 수를 보지 못한 채 커리어를 정해버릴 수 있다. 잘못된 멘토를 따라갔다가 몇 년이 지나고 나서야 비로소 잘못된 길로 왔음을 깨닫는다면 다시 돌아가기가 쉽지 않다.

3~5년 차의 직원은 최소 임원급 이상에게 멘토링을 받아야 한다. 팀장급의 인사이트가 매우 제한적이기 때문이다. 하지만 임원급 이상에게 멘토링을 받으면 더 큰 커리어 로드맵을 그릴 수 있고, 혼자서는 생각해보지 못한 것을 경험할 수도 있다. 보통 임원들은 다양한 인맥을 가지고 있어 회사 내 또는 같은 산업군 내를 넘어 훨씬 더 폭넓은 인사이트를 제공해줄 수 있다. 나는 의료기기 커리어를 갖고 있지만 반도체 회사 상무인 지인을 통해 갤러리 대표, 야구 구단주, 음악기획사 대표, 강연 회사 대표 등 다양한 사람을 소개받을 수 있었다. 이처럼 임원급에게 멘토링을 받으면 여러

분야로 사고를 확대할 기회를 얻을 수 있다.

평택대학교 학생에게서 온 메일 한 통

이 메일은 내가 평택대학교에서 2년 동안 진행한 취업 강의를 들은 한 학생이 보낸 메일이다. 입사하고 싶은 회사는 정했지만 어떻게 취업 준비를 시작해야 할지 몰라 갈피를 잡지 못하던 중 들은 강의가 도움이 됐다는 내용이다.

모든 일의 원리는 동일하다. 경영 컨설턴트는 다양한 산업군을 컨설팅하는 일을 한다. 단, 프로젝트를 시작하기 전에 해당 산업을 조사, 파악하는 것이 먼저다. 여러분도 프로젝트 하나를 맡았다고 가정하고 어떤 일부터 시작해야 합격까지 갈 수 있을지 전체 로드맵을 그리면 방향이 나온다.

방향 설정과 전략이 없는 상태에서 스킬만 있으면 일을 진행하면서도 맞는 방법으로 하고 있는지 확신할 수 없게 되므로 멘토가 있어야 하고, 없다면 끊임없이 찾아야 한다. 회사 입사 전후의 문제가 아니다. 입사 후에도 올바른 방향으로 커리어를 쌓고 있고 객관적인 이야기를 해줄 수 있는 멘토를 찾아야 한다. 인생에서 멘토 유무는 엄청난 차이를 만든다.

보통 제 전공을 소개하면 "뭐 하는 과야?" 혹은 "그래서 어디로 취업해?"라는 질문을 받습니다. 아마 강사님께서도 제 전공을 어림짐작하지 않을까 싶습니다.
제 전공은 보육교사, 청소년지도사, 청소년상담사 등의 일을 하는 기관에 취업을 할 수 있습니다. 저는 국립영덕청소년해양환경체험센터에 취업하는 것이 목표입니다.
그러나 취업 관련 강의를 듣거나 취업 상담을 진행할 때면 제 진로와 목표와는 전혀 무관한 이야기를 듣곤 합니다. 그러다 보니 취업 실무 특강 강의를 '나와는 상관없는 이야기'로 치부했었습니다.
그러나 강사님의 강의를 세 번째 듣는 오늘, 마음이 바뀌었습니다. 도움이 되는 좋은 강의를 해주셔서 감사합니다.
특히 스스로를 노출시키라는 부분과 나의 강점을 찾으라는 부분이 가장 기억에 남았습니다. 이 두 가지가 제가 가장 먼저 해야 하는 일이라는 것을 알게 되었습니다.
늦었지만 제 목표를 이루기 위해 시작해야 할 첫걸음을 알게 되었습니다.
또한 무엇을 갖고 있는가, 무엇을 원하는가, 무엇을 버릴 것인가에 대해 진지하게 고민하는 시간을 가지려 합니다.
이렇게 차근차근 취업을 준비하며 오늘 추천해주신 『위대한 나의 발견 강점 혁명』을 꼭 읽어보도록 하겠습니다.
좋은 강의를 해주신 강사님께 다시 한 번 감사 인사드리며 이만 줄이겠습니다.

6.
더는 취준생을 만나지 마라

개그우먼 안선영 씨의 '좋은 남자를 만나기 위한 전략'

오래 전, JTBC의 한 프로그램에서 개그우먼 안선영 씨가 좋은 남자를 만나는 법에 대한 매우 현실적인 조언을 한 적이 있는데, 그 조언 안에 취업에 벤치마킹할 만한 두 가지 포인트가 있었다.

먼저 '좋은 남자를 만나려면 좋은 여자가 돼라'라는 말은 '좋은 기업에 들어가고 싶다면 좋은 인재가 돼라'라는 말과 같다. "매너가 사람을 만든다"라는 영화 <킹스맨>의 대사처럼 면접관의 입장이 되면 지원자들의 매너가 눈에 보인다. 하지만 매너는 잠깐 노력한다고 만들어지는 것이 아니다. 평소 생활 모습부터 신경 써야 한다. 여유 넘치는 매너는 글로벌 인재가 갖춰야 할 중요한 요소다.

취업 컨설팅 책을 쓰려고, 내 설문에 응해준다는 조건으로 대학생들에게 무상으로 취업 컨설팅을 해준 적이 있다. 설문조사를 해주기로 약속한 학생 중 컨설팅을 받은 후 제대로 약속을 지킨 학생은 거의 없었다. 재미있게도, 학생들은 컨설팅 이후에도 지속적으로 일방적인 도움만 받기를 원했다. 추가적인 취업 컨설팅, 회사 리서치 그리고 인맥 소개 등을 요청해왔다. 나는 이 학생들에게 기본적인 매너가 전혀 없다고 판단하고 더 이상 관계를 지속하지 않았다.

지금의 인간관계가 어떻게 다른 만남으로 이어질지는 아무도 알 수 없다. 그러므로 만나는 모든 사람에게 기본적인 매너를 지키는 것은 기본 중 기본이다. 자그마한 매너 덕분에 우연이라는 인연으로 취업 기회를 얻는 경우도 많이 봤다. 물론 타인에게 과도하게 친절할 필요는 없다. 하지만 자기가 한 약속을 지킨다는 최소한의 매너 정도는 갖춘 사람이 되는 것이 좋다.

또 안선영 씨는 "브런치 카페에 좋은 남자는 없다"라며 서래마을이나 압구정 로데오 거리에 있는 브런치 카페에서는 삼성 직원을 만날 수 없다고 말했다. 대신 삼성 본사 건물 옆 곱창집에 가서 친구들과 저녁을 먹는 등 그 주변에 있어야 원하는 결과를 얻을 수 있다고 했다.

안선영 씨가 비약해서 과장하긴 했지만, 배울 점도 있다. 좋은 기업에 취업하고 싶으면 토익 학원에 갈 것이 아니라 글로벌 기업 현직자들이 많이 있는 영어 회화 모임 또는 경영학 스터디 모임에 가야 한다.

한 예로 토스터마스터즈는 미국에서 시작된 발표 클럽으로 영어 회화 실력을 향상시킴과 동시에 네트워킹을 할 수 있는 매우 유익한 모임이다. 이처럼 자기계발에 관심이 많은 직장인들이 나오는 모임에 대학생이 나가면 직장인 회원 대부분이 대학생 동생을 잘 챙겨준다. 나도 모임에 나가서 대학생 막내들을 보면 클럽 회원들과 같이 간단한 식사 또는 차 정도는 자주 사주곤 한다. 아직은 부족하지만, 뭐라도 더 해보려 하는 그들의 열정이 대견해 보이기 때문이다.

이 모임 외에도 앞에서 말했듯 영어 회화, 경영학 스터디 등 다양한 모임이 많이 있다. 좋은 현직자들과 어울리면 자연스럽게 그들의 사고방식과 화법을 배울 수 있고, 인맥을 얻을 수 있다. 여기서 생긴 인연은 취업 전후에 많은 도움이 된다.

옆쪽의 모임 목록은 내가 직접 가입해서 활동하고 있거나 다양한 기사를 보는 페이스북 그룹이다. 나는 경영, 스타트업, 의료기기 분야에 관심이 많아 그와 관련한 그룹이 대부분이다. 원하는 그룹을 직접 검색해보면 많은 현직자가 참여하는 모임을 정말 손쉽게 찾을 수 있을 것이다.

이런 모임에 가입할 때 아직 학생 신분이라 명함이 없어 아쉬울

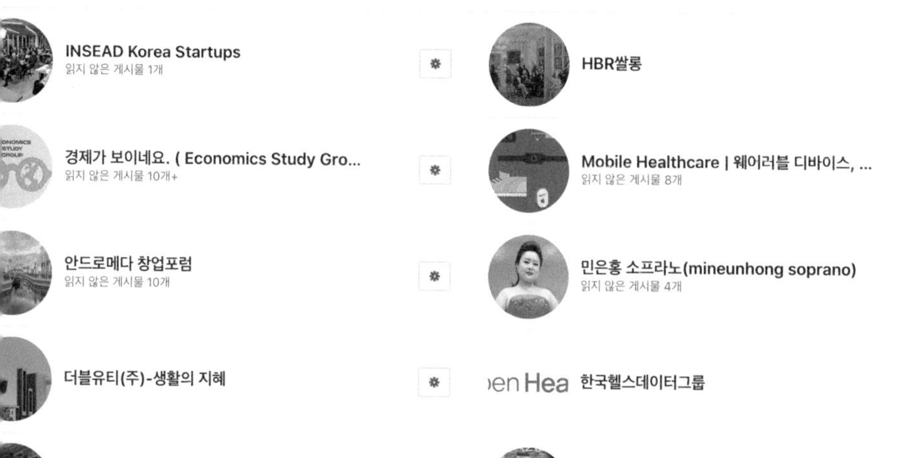

수 있다. 하지만 대학생도 약 15,000원 정도만 들이면 충분히 명함을 만들 수 있다. 사진, 학교, 아르바이트 및 인턴십 경험 그리고 관심 분야 등을 담아 제작한 명함은 여러분을 다양한 사람에게 알릴 수 있는 무기다. 취업을 준비하는 4학년은 이런 곳을 많이 다니면서 다양한 업계를 파악하고 적극적으로 네트워킹을 하면 좋다.

보통 인생에 세 번의 기회가 찾아온다는 말이 있다. 나는 이 말이 100퍼센트 맞지도 틀리지도 않다고 생각한다. 기회는 모든 사람에게 공평하게 오지 않을 뿐 아니라 아예 오지 않는 사람도 분명히 있기 때문이다. 운 좋게 기회가 찾아오면 좋겠지만, 기회를 기다리기보다 직접 만드는 편이 훨씬 편하고 빠르다.

3장

글로벌 기업에 입사하는 인재들의 비밀

1.
취업 전략 VS 취업 스킬

영어사전

strategy 미국·영국 [ˈstrætədʒi] 영국식 ★★ 예문보기

1. (특정 목표를 위한) 계획 2. 계획 수립 3. (군사적인) 전략

영어사전

skill 미국·영국 [skɪl] 영국식 ★★ 다른 뜻(2건) 예문보기

1. 기량 2. 기술

취준생의 관점에서 취업 전략과 취업 스킬이라는 두 단어를 정리하면 다음과 같다. 취업 전략은 취업하기 위한 계획과 방법이다. 그리고 취업 스킬은 그 계획과 방법의 세부 내용이다. 전략을 먼저 세운 후 세부적인 내용을 정리해야 한다. 예를 들어 구글에 입사하려면 영어를 잘해야 하니 토익을 공부하자는 식의 접근 방법은 좋은 결과를 얻기 어렵다. 여기서 한 단계 더 나아가도 학생들 대부분은 막연하게 취업하려면 영어 능력이

필수라고 판단한다. 그래서 내게 토익 공부를 할까 아니면 오픽을 준비할까 같은 질문을 많이 하는 것이다. 이렇듯, 원하는 회사에 취업하려고 방향을 잡고 전략을 세우기보다 지엽적인 시험과 학점에만 치중하는 취업 준비생이 많다.

	전략	스킬
취업 분야 선정	외국계 기업, 국내 대기업, 중견기업	해당 분야 지인 소개로 한 명씩 만나기
인턴십 기회	국내 대기업 및 벤처기업 지원	대기업: 정직원 기회 형성 벤처기업: 실무 경험
영어 능력 함양	직장인 경영학, 영어 스터디 참여	두 모임에 주 2회 참가, 현직자들과 네트워킹
아르바이트	입사를 원하는 기업에서 아르바이트	인턴십이 되지 않는 업체에서 인맥 쌓기
자소서, 이력서	학교 취업지원센터, 컨설턴트	학교 센터: 가이드라인 컨설턴트: 실용적인 지식
면접	가고 싶은 회사 지원 갈 생각이 없는 회사도 지원	갈 생각이 없는 회사의 면접을 통해 스킬 쌓기
헤드헌터	국내 톱 10 헤드헌터 10명과 관계 형성	원하는 회사, 자소서 및 이력서 피드백

<스펀지>의 '바둑기사 VS 대학생' 실험

취업 전략과 스킬을 짤 때 순서가 얼마나 중요한지 예를 들어 설명하려 한다. 몇 년 전, KBS 프로그램 <스펀지>에서 바둑기사와 바둑을 전혀 모르는 대학생을 대상으로 실험을 했다. 사진과 같이 빼곡하게 바둑을 둔 판을 두 명에게 똑같이 5초간 보여주고 그대로 복기하는 실험이었다.

결과는 예상과 다르지 않았다. 바둑기사는 완벽하게 복기했고, 대학생은 전혀 복기하지 못했다. 리포터가 바둑기사에게 5초밖에

보지 않았는데 어떻게 완벽하게 기억할 수 있는지 물었다. 그러자 바둑기사는 "다 달라 보이지만 제 눈에는 다섯 개의 패턴이 보입니다. 예를 들면 A, C, G, K, I로 말이죠. 전 다섯 개 패턴만 기억하면 됩니다"라고 대답했다. 반면 바둑을 모르는 학생은 검은색은 검은 돌, 흰색은 흰 돌로만 인식했기 때문에 어떤 패턴도 찾을 수 없었다.

왜 갑자기 바둑 실험 이야기를 하냐고? 모든 일에는 패턴이 있다는 말을 하고 싶었다. 바둑기사는 바둑에 존재하는 거의 모든 패턴을 암기하고 있다. 물론 패턴을 외우는 데 그치지 않고 그 패턴을 어떤 식으로 확장할 수 있는가를 생각하는 것이 바둑 실력을 키우는 방법일 것이다. 일반인이 바둑을 배우고 싶다면 잔기술을 익히기보다는 먼저 바둑의 모든 패턴을 암기해야 한다. 그 후에 바둑기사처럼 세부적인 부분을 고민하고 신경 써야 바둑을 더 재미있게 즐길 수 있다.

취업도 바둑처럼 패턴이 존재한다. 외국계 기업, 국내 기업, 중견 기업, 벤처 기업이 원하는 인재상은 다 다르다. 의외로 특수한 부서와 회사 몇몇을 제외하면 똑똑한 인재만을 원하지는 않는다.

얼마 전, 신림에서 커피 회사를 크게 운영하는 사장님을 만난 적이 있다. 사업이 계속 번창하고 직원 이직률도 적기에 직원을 어떻게 뽑는지 물어봤다. 사장님은 면접 마지막에 항상 꿈이 무엇인지 물어본다고 했다. 흔히 물어보는 질문이라 '특이한 점은 아닌데'라는 생각을 했다. 하지만 그 이유는 생각해보지 못한 것이었다. 그는 꿈이 있는 지원자는 뽑지 않는다고 했다. 꿈이 있는 사람은 하고 싶은 것도, 불평 불만도 많다는 것이다. 그리고 얼마 되지 않아 이직하기 때문에 소소하게 현재에 만족하는 지원자만 뽑는다고 했다.

물론 이 사장님의 기업가 정신을 높이 평가하고 싶어 꺼낸 이야기는 아니다. 이 사례처럼 회사, 하는 일 그리고 대표의 마인드에 따라 확연하게 선호하는 지원자가 달라질 수 있음을 알려주고 싶었다. 만약 해당 기업 사장의 생각을 전혀 알지 못한 채 커피 회사에 취업하겠다며 바리스타 자격증을 따고, 커피숍 트렌드를 분석하고, 영어만 공부했다면 어떻게 됐을까? 지원자는 나름대로 다양한 노력을 하지만, 회사에서 필요로 하는 부분이 아닌 자기가 중요하다고 생각한 것만 준비하면 합격할 수 없다. 위의 사례가 커피 회사에만 국한된 것은 아니라는 말이다.

2.
인재들의 자기소개서는 무엇이 다를까?

올림푸스에서 근무할 때의 일이다. 당시 직원을 뽑을 때는 먼저 인사과에서 약 20명 정도의 서류를 넘겨주고, 그중 면접을 보고 싶은 지원자 세 명을 골라 다시 인사과에 알려주면 일정을 맞춰서 면접을 진행했다. 이때 지원자들의 자기소개서를 보다가 정리되지 않은 '네이버 지식인' 답글을 보는 기분이 들었다. 화려한 미사여구와 못하는 것이 없는 인재라는 이야기를 빽빽하게 나열한 글에는 2~3초 이상 눈길이 가지 않았다. 이런 지원자의 경우 면접을 진행하지 않는다. 20명의 지원자 중 면접 볼 지원자 세 명을 찾아내는 데는 3분이면 충분하다. 떨어진 지원자들도 자기소개서를 쓰느라 몇 달간 고생했겠지만, 면접관의 시선을 고려하지 않고 자기가 하고 싶은 말만 두서없이 쓰는 것은 아무 의미가 없다.

자기소개서를 쓸 때는 무엇을 더할까 고민하지 말고, 강조하고 싶은 포인트를 정한 후 중복되거나 겹치는 부분을 모두 빼야 한다. 즉, 경험만 계속 나열하지 말고 필요한 사항만 적는 것이 매우 중요하다. 불필요하다고 생각하는 부분은 과감하게 지우자. 그러면 내가 말하고자 하는 바가 매우 명확해진다. 또한 여러분이 낸 서류는 인사과에서 1차로 보는데, 인사과 사람들은 수많은 서류를 보기 때문에 지쳐 있을 수밖에 없다. 그러니 자소서가 간결하고 명확할수록 어필하기 좋다.

최근의 글로벌 트렌드는 PPT 대신 워드 한 장짜리 보고서를 만드는 것이다. 20~30페이지짜리 보고서를 작성하는 일도 어렵지만, 잘 생각해보면 이를 한 페이지로 압축하는 일은 훨씬 더 어렵다. 실제로 현대카드 정태영 부회장도 해외 기업에서 쉽게 볼 수 있는 'ZERO PPT'를 회사에 적용해 실험하고 있다고 한다. 결국 명확하고 단순하게 글을 정리하는 연습은 입사 후에도 필요하니 예행연습을 한다고 생각하고 준비하자.

자소서 내용도 지원하는 회사의 인재상에 맞게 달라져야 한다. 많은 지원자가 서로 다른 기업 문화와 인재상을 가진 회사에 동일한 내용의 자기소개서를 보낸다. 반면 인재들은 자소서나 이력서를 각 기업에 맞게 수정해서 지원한다. 자신이 가지고 있는 모든 자질과 경험을 A4용지 한 장에 다 담을 수 없기 때문에 각 기업이 원하는 인재상 같은 다양한 정보를 얻은 후 가감할 부분을 정확하게 파악해 작성하는 것이다. 그러면 자연히 자소서의 내용도 달라질 수밖에 없다.

삼성과 LG라는 두 기업의 인재상을 알아보자. 두 기업의 인재상을 보면서 다른 점을 파악할 수 있는가? 언뜻 보면 큰 차이가 없어 보인다. 하지만 강조하는 부분의 순서와 내용을 보면 삼성은 열정, 몰입 등 세상을 바꿀 수 있는 리더십 있는 인재를 원한다는 것을 파악할 수 있다. 반면 LG는 협력, 팀워크 등 타인과 함께하는 단어가 눈에 띈다. 그리고 LG의 사훈은 '인화'다. 이렇게 원하는 기업의 기업 문화를 인지하고 그에 맞게 자기소개서를 작성하면 더 취업 확률이 높아진다.

Samsung People

We invite global talent of diverse backgrounds.

삼성은 학력, 성별, 국적, 종교를 차별하지 않고
미래를 이끌어 나갈 인재와 함께 합니다.

Passion 열정

We have an unyielding passion to be the best.
끊임없는 열정으로 미래에 도전하는 인재

Creativity 창의혁신

We pursue innovation through creative ideas for a better future.
창의와 혁신으로 세상을 변화시키는 인재

Integrity 인간미·도덕성

We act responsibly as a corporate citizen with honesty and fairness.
정직과 바른 행동으로 역할과 책임을 다하는 인재

LG전자가 바라는 인재상

LG WAY에 대한 신념과 실행력을 겸비한 사람

꿈과 열정을 가지고
세계 최고에
도전하는 사람

고객을 최우선으로
생각하고 끊임없이
혁신하는 사람

팀워크를 이루며
자율적이고 창의적으로
일하는 사람

꾸준히 실력을 배양하
정정당당하게
경쟁하는 사람

자기소개서의 정석

보통 자기소개서는 성장 과정, 장단점, 지원 동기, 입사 포부 등으로 구성된다. 삼성에 제출할 자기소개서를 쓴다고 가정해보자. 삼성이 원하는 인재상의 키워드를 정리하면 열정, 몰입, 미래, 학습, 창조, 변화, 소통 그리고 협업이다. 나는 이 키워드 중 나와 관련이 있는 키워드인 열정, 학습, 소통, 변화를 선택할 것이다. 선택한 키워드의 개수는 자기소개서 항목의 개수와도 같다. 써야 할 항목이 다섯 개라면 키워드도 다섯 개 뽑자.

이제 선택한 키워드를 자기소개서의 각 항목에 맞춰 넣는다. 순서에 상관없이 항목당 키워드 하나와 스토리 하나를 넣으면 되는데, 이때 각 키워드당 장점을 한 개만 넣어야 한다는 점을 주의하자. 한 항목에 너무 많은 장점을 넣으면 읽는 사람 입장에서는 신뢰가 가지 않는다.

이렇게 자기소개서는 항상 지원 회사의 인재상에 맞게 수정해야 한다. 회사마다 원하는 인재상이 다르고 여러분의 경험 또한 모두 다르므로 알맞게 바꿔서 작성하자.

자기소개서

성장과정	
성격 및 장단점	
지원동기	
입사 후 포부	

3.
자신에게 맞는 기업을 찾아라

외국계 기업의 장단점

취업 사이트 잡코리아에서 20~30대를 대상으로 외국계 기업을 선호하는 이유를 조사한 적이 있다. 남성 취준생은 높은 연봉, 다양한 복지제도, 수평적인 기업 문화, 해외 근무 기회, 능력에 따른 파격 인사 순이었고, 여성 취준생은 좋은 복지제도를 가장 선호하는 것으로 나타났다. 구글은 뷔페 스타일의 점심을 직원에게 제공한다. 그리고 많은 외국계 기업이 1년에 약 300만 원 정도를 자기계발 비용으로 지원해준다. 이 돈으로 영어 학원 수강료나 운동 비용을 내거나 책이나 자기계발에 필요한 전자제품 등을 살 수 있다.

또한 성별에 관계없이 육아 휴직 1년을 보장해주는 기업도 꽤 많다.

내가 존슨앤드존슨에서 일할 때 본 바로는 존슨앤드존슨의 한국, 대만, 홍콩의 본사가 한국이어서 한국 직원이 해외 주재원으로 파견 나갈 기회가 많았다. 바로 이웃 국가인 일본의 직원들과는 다양한 프로젝트나 일을 함께 하면서 소통하기도 한다. 이미 5년 전에 퇴사했지만, 나는 아직도 해외를 나갈 때나 한국에서 미팅이 있을 때 다른 국가에서 근무하는 존슨앤드존슨 직원들과 만나 다양한 경험을 공유하며 관계를 이어가고 있다.

외국계 기업의 단점은 경쟁이 치열하고 끊임없이 계속된다는 점이다. 후배도 능력과 실력만 있으면 언제든 나를 치고 올라올 수 있을 뿐 아니라 동기들도 스펙이 우수한데다가 모두 기회를 얻으려 필사적으로 노력한다. 그리고 무늬만 외국계 기업이지 대표의 마인드를 비롯해 여러 조건과 상황이 한국 기업과 별반 다르지 않은, 현지화된 기업도 꽤 많다. 또한 한국이 사업성이 없다고 판단하면 바로 철수하는 경우도 많다. HSBC는 2013년 7월에 기업금융만 남기고 소매금융을 철수했다. 또 최근 시티은행은 100개 중 90개 지점의 문을 닫았다. 능력이 된다면 외국계 기업에 갈 기회도 많지만, 국내 기업과 비교해 좋지 않은 점도 있다는 사실을 염두에 두고 외국계 기업에 막연한 환상을 갖지 않기를 바란다.

국내 기업의 장단점

국내 기업은 외국계 기업과 달리 사원을 철저하게 능력 위주로 평가하지 않는다. 일정 연차 이상이 되면 승진이 자연스럽게 되는 경향이 있다는 말이다. 물론 외국계든 국내 기업이든 팀장 또는 임원으로 승진하려는 경쟁은 치열하다.

또한 보통 회사 사정이 어려워도 바로 정리해고에 들어가는 경우가 적다. 사원들을 끝까지 같이 가야 하는 회사의 일원으로 생각하는 경향이 있고 외국계 기업에 비해 한국인 특유의 '정'이 기업 문화에 더 반영돼 있기 때문이다.

단점으로는 수직적이고 보수적인 기업 문화, 잦은 회식 등을 흔하게 볼 수 있다. 모두가 함께 가야 한다고 생각하지만 연공서열이 우선 순위에 있어 상사의 말은 무조건 따라야 하고 다른 의견을 내면 반항이라고 생각하는 사람이 많다. 일례로 지인이 한 자동차 회사 노무팀에 입사한 후 점심 시간에 본부장님 및 20명의 직원과 함께 식당에 갔는데, 그때 본부장님이 김치찌개를 시키니 다른 모든 직원이 김치찌개를 주문했다고 한다. 하지만 지인은 회사 분위기를 모르고 부대찌개를 시켰다가 1년 동안 회사에서 본의 아니게 별명이 부대찌개가 됐다고 한다. 물론 모든 국내 기업이 전부 다 이런 기업 문화를 가지고 있지는 않다. 국내 기업에는 이런 문화가 있다는 것 정도로만 이해하면 된다. 물론 이 같은 상황은 외국계 기업에서는 상상하기 힘든 헤프닝이다.

그리고 해외 영업 직군을 제외하면 외국 사람과 일할 기회가 많지 않다 보니 우물 안 개구리가 되는 환경이 조성돼 는 것도 단점이라고 할 수 있다. 지금 이 책을 쓰고 있는 중에도 존슨앤드존슨 교육팀에서 일하는 선배에게 연락이 왔다. 직원을 어떤 식으로 교육해야 하는가를 싱가포르에서 배우고 있는 선배를 보니 국내 기업과 해외 기업에는 차이가 있을 수밖에 없다는 생각이 든다.

4.
이력서는 '무엇을 뺄 것인가'를 고민해야 한다

앞에서도 말했듯 지원자 대다수는 이력서에 최대한 많은 것을 넣으려 한다. 물론 쓰는 사람 입장에서는 내용이 하나도 없는 것보다는 무엇이라도 있는 편이 좋아 보일 수는 있다. 하지만 면접관은 내용이 너무 많은 쪽과 너무 적은 쪽 둘 다 매력적인 지원자는 아니라고 판단한다.

서류에서 항상 떨어지는 고스펙 지원자

내가 취업 컨설팅을 해준 한 취업 준비생은 경영학 모임에서 만났는데, 학벌, 토익 점수, 학점 그리고 커뮤니케이션 능력까지 특별히 부족한 점이 없었다. 이력서를 받기 전에는 서류 지원만 하면 무조건 떨어진다는 말이 이해가 잘 되지 않을 정도였다. 그래서 이력서와 자기소개서를 달라고 요청했고, 받은 후에야 왜 항상 떨어지는지 이유를 알 수 있었다.

이력서를 살펴보니 자신의 장단점 분석은 전혀 하지 않고 무조건 경험만 나열했다. 나열한 경험만 약 20개다. 그래서 학기 중에 어떤 일을 집중적으로 했는지, 그 일의 장점이 무엇인지를 한눈에 파악하기 힘들었다. 물론 학생 입장에서는 이력서에 쓸 것이 많지 않다 보니 최대한 다양하게 써보려고 노력했을 것이다. 하지만 면접관 입장에서 보면 이 이력서는 '내가 경험한 것이 많으니 이 중에서 회사에 도움이 되는 부분을 찾아보세요'라고 말하는 듯한 이력서다.

이 학생은 다양한 활동 이력과 경험이 많으니 추려서 지원하는 분야와 관련이 있는 경험만 적으면 훨씬 나아질 것이다. 알맞은 경험으로만 이력서를 채우면 면접을 볼 때 면접관이 지원자가 관심 분야에 열정을 갖고 노력을 했다는 느낌을 받을 수 있다.

미팅 후 내 말을 빠르게 이해한 학생은 훨씬 더 정리된 이력서와 자기소개서를 준비했다. 그 결과 이제 서류 탈락은 거의 없었다. 거의 모든 기업에서 최종 면접까지 올라갔고, 여기에서 떨어지는 경우가 있었을 뿐이다. 이처럼 불필요한 내용을 조금만 빼도 훨씬 더 좋은 결과를 기대할 수 있다.

준비가 되지 않은 지원자와의 미팅

> 아직 제가 부족하다고 생각해서 지원한 회사는 없었습니다.
> 지원을 희망하는 회사로는 칼스톨츠엔도스코피코리아와 오스템 임플란트, 올림푸스가 있고 희망 부서는 RA 인허가 쪽입니다.
> 많은 조언 부탁드립니다.
> 감사합니다.

위 지원자는 내가 강의하던 대학교 취업 센터장님의 소개로 만난 친구다. 외국계 의료기기 회사의 RA 관련 업무에 관심이 있는데 준비를 어떻게 해야 할지 모르니 상담을 해달라고 했다. 우선 이 학생의 이력서와 자기소개서는 정말 아무것도 준비되지 않은 백지 상태였다.

이태원에 있는 한 커피숍에서 학생을 만났다. 신뢰감을 주는 인상이었지만 자기소개서와 이력서를 보니 정말 무성의하고 준비가 돼 있지 않다는 느낌을 강하게 받았다. 어떻게 취업 준비를 하고 있는지 들어보니 막연하게 토익을 35점 정도 올려서 900점을 받을 것이고, 외국계 의료기기 회사의 입사에 전혀 도움이 되지 않는 의료 관련 자격증을 준비하겠다고 했다. 선배들이 그 자격증을 따면 도움이 된다고 말했다는 것이다.

위 학생의 사례에서 배울 수 있는 점은 취업 관련 질문은 실제 그 분야에 취업한 사람에게 해야 한다는 것이다. 당장 주변에 취업하거나 진로에 관해 물어볼 사람이 없다고 네이버 지식인, 특정 사이트 댓글 혹은 해당 분야에 취업하지 않은 사람들의 말을 믿고 준비하는 것은 매우 위험한 행동이다.

이 학생과는 짧게 한 번 미팅한 후 더 이상 미팅을 하지 않았기에 후속 조치가 이루어지지는 않았지만, 만약 다시 만난다면 자아 정체성 분석부터 시작해야 한다고 이야기할 것이다. 좋아하는 것, 다양한 경험, 하고 싶은 일 등을 정리하는 시간을 갖고 자기소개서를 작성한 후 내용을 보강해서 이력서를 준비해야 한다.

조지메이슨대학교에서 내게 요청한 이력서

다음은 내 이력서다. 만약 경력직으로 다른 회사에 이력서를 넣는다면 회사별로 한 일을 적어 넣어야 하지만, 대학교에서는 어떤 회사에서 어떤 일을 했는지만 궁금해했다. 그래서 그 요건을 충족할 수 있는 사실만 적었다.

마지막 이미지 네 개를 보자. 내가 다닌 회사는 모두 여덟 군데다. 하지만 이 회사들을 전부 넣으면 이력서를 읽을 때 주의가 산만해져 집중할 수 없으므로 네 이미지만 넣은 것이다.

또 이 이력서는 대학교에서 요청한 것이고 학교 관계자 및 학생들도 볼 수 있기 때문에 되도록 한눈에 들어오게 밑에 학교나 회사 이미지를 넣어 구성했다. 이 이력서는 일반적인 이력서는 아니므로 참고만 하기 바란다.

Min Gyu, Kim

Education

Graduated from Korea University

Majored in biochemistry

Experiences

Mar.2018~ Present Plan B Consulting Firm (Founder)

Jul.2017 ~ Mar.2018 Ybrain (Sales & Marketing Director)

Mar.2015~Jan.2017 Olympus Corp (Sales & Marketing manager)

Mar.2011~ Mar.2015 Johnson & Johnson Medical (Territory sales manager)

Mar.2009~Mar.2011 Boston Scientific Korea (Sales representative)

July.2005 ~Apr.2008 KPP (B2B Sales representative)

Internship

Feb.2005~Jun.2005 Internship at Ypsen

Sep.2003~Dec.2003 Internship at Cathay Pacific Airway

Consulting

Jan.2014~ Present Experienced in teaching how to enter into foreign company

To whom : Seogang, Sukmyung, Kunghee, Kunkook, Pyungtak University, etc

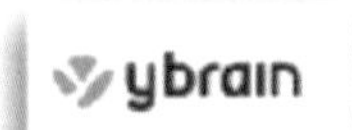

5.
면접에도 전략이 필요하다

외국계 회사의 면접 프로세스는 이렇다.

여러분이 서류를 넣으면 1차로 인사과에서 본다. 인사과는 서류를 본 후 팀원을 충원하려는 부서 팀장에게 괜찮다고 판단한 지원자들의 서류를 보낸다. 그러면 팀장이 이를 검토한 후 면접을 보고 싶은 지원자를 골라 인사과에 다시 전달하고, 인사과는 지원자들에게 전화해 면접 진행의사를 묻고 약속을 잡는다.

1차로 실무진인 팀장급과 면접을 진행한다. 팀장은 각 지원자를 점수로 평가한 뒤 임원과 인사과에 평가서를 제출한다. 합격점을 받은 지원자들만 임원진과 면접을 보는 것이다.

임원진과의 면접에서는 보통 두 명의 지원자를 뽑고, 이 둘은 마지막으로 대표와 면접을 본다. 보통 대표에게 지원자 명단을 올리기 전에 임원이 채용하고 싶은 지원자를 거의 결정해놓는 경우가 많다. 대표는 임원이 평가한 두 명 중 조금 더 점수가 높은 지원자를 뽑아 임원의 손을 들어준다. 결국 임원과 같이 일할 사람을 뽑는 것이기 때문이다. 하지만 두 지원자 모두 정말 마음에 들지 않으면 아예 뽑지 않는다. 이처럼 최종 결정은 대표가 하지만, 보통 임원의 의사를 최대한 반영해주려 한다.

나는 보스턴사이언티픽에서 존슨앤드존슨으로 이직할 때 임원진과의 면접까지만 봤다. 당시 이사님은 나를 뽑으려 했지만, 사장님이 동종업체에서 직원을 데려오는 것을 반대했다고 들었다. 하지만 이사님이 사장님을 직접 설득해 운 좋게 존슨앤드존슨에 입사할 수 있었다.

내가 존슨앤드존슨 이사님과 같은 경험을 한 적도 있다. 회사 내 모든 임원진이 반대했지만 내가 전적으로 책임지겠다고 약속하고 대표 및 임원진 모두를 설득해 새로운 팀장을 영입했었다.

이같은 면접 프로세스를 이해한 후 면접을 준비하면 도움이 된다. 서류부터 최종 결과까지 전체 프로세스를 단계별로 자세히 파악해보자.

1. 인사과의 기준

인사과는 보통 학교, 학점 또는 전 회사와 자사와의 연관성을 많이 본다. 하지만 지원자가 굉장히 많기 때문에 정량화된 데이터를 주로 볼 수밖에 없다. 자소서는 정량화된 데이터는 아니지만 남다른 지원자를 파악할 수 있기에 중요한 요소 중 하나다. 여러분이 중요하게 생각하는 토익 점수와 학점은 지원자를 어느 정도 걸러내는 역할 정도로 쓰인다고 볼 수 있다. 토익 점수나 학점이 조금 부족해도 자기소개서에 담긴 다양한 경험이 좋으면 서류 통과가 되는 것은 이 때문이다.

2. 실무팀의 기준

정량화할 수 있는 수치나 네임밸류도 중요하지만 실무팀에서는 무엇보다 이 지원자가 회사에 입사하면 정말 일을 잘할 수 있을지를 중요하게 여긴다. 만약 스펙이 부족한데도 서류 통과가 돼 면접을 본다면 더 이상 수치는 중요하지 않다는 말이다. 단, 면접관이 수치에 대한 질문을 하는 이유는 수치가 부족하다고 말하는 것이 아니라 지원자의 태도와 대처방안을 보려는 것이므로, 이를 꼭 이해하고 면접을 봐야 한다. 부족한 부분이 있어도 당황할 필요가 전혀 없다. 또한 면접관이 궁금해하는 사항은 지원자가 팀원들과 화

합할 수 있는지, 커뮤니케이션 능력이 있는지, 입사 후 업무적으로 팀장에게 얼마나 도움이 될지다. 따라서 해당 업무와 비슷한 경험이 있다면 그 부분을 최대한 어필하자.

3. 임원진의 기준

임원진은 팀장이 매긴 평가 점수를 미리 알 수 있다. 이때 팀장은 정말 뽑고 싶은 인재가 있으면 면접 내용과 지원자에 대해 임원진에게 간략하게 보고하기도 한다. 이렇게 팀장이 좋게 판단하는 지원자가 있는 경우 큰 사건이 발생하지 않는 이상 팔은 안으로 굽기 마련이다. 즉, 팀장의 피드백이 여러분의 합격을 결정하는 중요한 역할을 한다. 그러나 팀장이 아무리 좋게 말한다 해도 임원의 마음에 들지 않으면 지원자는 모두 탈락되고, 면접 프로세스는 원점으로 돌아간다.

임원은 팀장보다 더 많은 경험을 했기 때문에 보통 더 큰 통찰력과 지혜를 가지고 있다. 또한 회사의 방향성과 그룹의 인사변경 등의 정보도 이미 모두 알고 있다. 당장은 영업 사원 충원이 시급하지만 2년 후에는 사업을 확장할 예정이라 마케팅 인원을 충원할 계획이 있다는 사실을 미리 알고 있다는 말이다.

영업에 특화된 재능을 가진 지원자 A와 영업과 마케팅을 골고루 어느 정도 잘하는 지원자 B가 영업 업무에 지원했다고 가정해보자. 두 지원자 중 A가 B보다 영업을 더 잘할 수 있으리라는 사실에는 의심의 여지가 없지만, 앞으로의 사업을 총괄진행하는 입장에서 마케팅 담당 직원이 필요하다면 영업과 마케팅이 둘 다 가능한 B를 뽑을 수도 있다. 그러니 실무팀에게는 해당 업무에 가장 적합한 지원자가 자신임을 알리고 임원진 면접 때는 해당 업무 외에도 다양한 업무를 할 수 있는 인재임을 피력한다면 합격할 확률이 높아질 것이다.

4. 대표의 기준

대표는 회사의 전체적인 큰 그림을 그리지만, 지원자에게 큰 결격사유가 없다면 보통 임원의 의견을 존중해준다. 대표와 면접을 볼 때는 실질적인 업무 능력뿐만 아니라 임원 면접 때와 같이 다양한 가능성을 보여주되 자신이 이 회사에 관심이 많음을 어필하면 정말 많은 도움이 된다. 예를 들어 대표가 SNS에 올린 글을 미리 읽고 가거나 언론매체에 실린 대표의 인터뷰를 보고 느낀 점 등을 말하면 좋은 결과를 기대할 수 있다. 기업의 대표는 모두 잘난 사람들이다. 그 잘난 사람을 지원자가 인정해주고 알아준다면 그것보다 즐거운 면접이 있을까?

6.
취업 고수들만 아는 고급 리소스

잡플래닛
(https://www.jobplanet.co.kr)

1. 회사 소개

잡플래닛은 2014년부터 국내 기업 평가 정보 서비스 사업을 본격적으로 시작했다. 채용 정보부터 해당 기업의 현직자가 직접 남긴 기업 리뷰, 연봉 정보, 면접 후기, 복지 정보 그리고 기업 분석까지 나름대로 정리가 잘 돼 있으므로 취업을 준비할 때 잡플래닛 사이트에서 원하는 기업에 대한 전반적인 정보를 얻을 수 있을 것이다.

2. 현직자가 보는 기업의 장단점

리뷰를 볼 때 주의할 점이 몇 가지 있다. 먼저 사람들은 장점을 적을 때는 없는 말을 쓰지 않는다. 즉 장점 부분은 믿을 수 있는 자료다. 반대로 단점은 회사에 안 좋은 감정을 가진 사람들이 많이 쓰기에 100퍼센트 다 맞는 말은 아닐 것이다. 또한 부서마다 회사를 생각하고 판단하는 관점이 다르므로 회사의 분위기를 어느 정도 파악할 수 있는 자료 정도로 이해하는 편이 좋다. 회사 입사를 두고 최종 결정을 할 때 이런 자료에만 의존해서 섣부르게 결정하지 않아야 한다.

3. 현직자의 기업 리뷰

잡플래닛 홈페이지를 보면 각 회사마다 복지, 급여, 워라밸Work & Life Balance(일과 삶의 균형), 사내 문화, 경영진의 성격 등을 잘 정리해놨다. 그리고 마지막 총 만족도를 통해 직원들의 전반적인 만족도를 한눈에 알 수 있다.

현재 리뷰에서 총 만족도가 제일 높은 회사는 페이스북 코리아다. 하지만 자료를 보고 국내에 있는 모든 회사 중 가장 좋은 회사가 페이스북 코리아라고 생각하는 것은 성급한 일반화의 오류다. 물론 페이스북 코리아는 좋은 회사지만, 이 사이트에 올라오지 않은 좋은 회사도 많다. 그리고 정말 회사가 좋다고 생각하는 직원들은 이런 곳에 자료를 잘 올리지 않는 것 또한 사실이니 참고하기 바란다.

4. 헤드헌팅

출처: 잡플래닛

2017년 상반기부터 잡플래닛은 다양한 헤드헌팅 서비스 분야에도 진출해 차별화와 수익화를 꾀하고 있다. 헤드헌팅 회사는 여러분이 꼭 알고 지내야 하는 회사 중 하나다. 여러분이 집을 사거나 오피스텔을 얻을 때 보통 부동산업자를 찾아가지만 부동산 어플도 이용하면 좋은 것과 같은 이치다.

헤드헌터들은 여러분이 원하는 여러 회사에 대한 정보 및 현재 상황을 매우 정확하게 알고 있다. 그리고 기업에서 사람을 채용할 때 보통 헤드헌팅 회사에 일임하기 때문에 회사의 인재상 및 취업 관련 현황 등을 자세하게 아는 것은 물론 지원자가 괜찮은 인재라면 회사에 추천해서 면접을 진행할 기회를 얻어줄 수도 있다.

헤트헌팅 회사에 내야 하는 수수료 때문에 고민할 수 있다. 하지만 헤드헌팅 회사는 수수료를 지원자에게 받는 것이 아니라 지원자가 입사할 회사에서 받는다. 참고로 헤드헌팅 회사는 지원자 연봉의 15~25퍼센트 정도를 수수료로 회사에 청구한다.

피플앤잡
(www.peoplenjob.com)

1. 회사 소개

세계 최대의 다국적 헤드헌팅 회사 중 하나인 아데코코리아와 코파네트가 함께 외국계 취업 전문 사이트 피플앤잡을 만들었다. 여기에는 6,000여 개에 달하는 외국계 기업의 취업 정보가 올라오는데, 기업에서 직접 취업 정보를 올려 구직자를 찾기도 하지만 주로 헤드헌팅 회사가 기업의 구직 정보를 대신 올리면서 유능한 인재를 찾는 경우가 많다.

peoplenjob
외국계기업 취업전문사이트

법무법인(유… 로펌(Law Firm) 리셉션 직원(리셉셔니스트)
Denave Mala… U Inside Sales Account Manager

JTI NPD, Legal and Sales Planning Associate
신입 / 사원 채용 지원하기 ▸

Internship at Marketing team Full-time
마케팅팀 인턴 채용 지원하기 ▸

채용공고 | 프리미엄정보 | 개인회원 | 기업회원 | 헤드헌팅회원 | 커리어센터

지멘스 인더스트리… MindSphere Senior Partner Solutions

Rhenus Logistics … 레누스코리아- 항공수입경력직 채용

Dassault Systemes… Territory Sales Manager

EY한영 [EY한영] 2018 신입 공인회계사 기합격자 모집

한국베링거인겔하… [한국베링거인겔하임] Merial Logistic Intern (3

베스트네트워크(주) 7. [외국계 패션 회사] Merchandise Planner

베스트네트워크(주) #3 경영전략팀 컨설팅 경력 우대 (외국계 보험사) (과장

프리미엄 회원 채용공고

공고	회사	마감
[교육 영업 팀장] 교육 영업 및 운영 팀장 …	(주)브랜드미	09.01
[해외 근무 AE] 유명 메이저 광고대행사 …	(주)브랜드미	09.01
[글로벌 IT기업] App Project Manager…	(주)스카우트	09.20
[IT대기업] 서비스기획 & UX설계 (커뮤…	(주)스카우트	09.07
Key Account Manager (이사-상무) …	포티스 파…	채용시까지
E-COMMERCE MANAGER (자사몰관…	포티스 파…	채용시까지
U 대기업 상장사 전략기획 대리급 채용	핀커스코리아	08.25
대기업 개발영업/시장개발 대리-과장급 …	(주)핀커스…	08.23
oncology MSL채용 합니다	HR BRIDGE	08.24
Diagnostics Manager (팀장)	HR BRIDGE	08.24
[IT product 마케팅] 대리급 - 외국계 회사	HRKorea /…	08.27
국내 대기업에서 뷰티마케터를 채용합니다.	HRKorea /…	채용시까지
9. [유명금융사] 디지털 사업/서비스 기획	베스트네트…	09.09
7. [외국계 명품회사] 영업관리	베스트네트…	09.13
Embedded SW Engineer(사원-대리)	석세스코리아	09.01
Director, Advanced Sourcing Engine…	석세스코리아	채용시까지
[외국계 부품 제조사] 독일어 통&번역 정…	(주)더라이…	채용시까지
▶▶ [국내/반도체] 일본계 기업 담당자 …	(주)더라이…	채용시까지
★ 대기업 Top IT - CNAPS방법론 기반 …	(주)맨파워…	08.24

피플앤잡 채용공고

공고	회사	마감
★ 미디어PR 담당- 메이저 홍보대행사	핀커스코리아	채용시까지
[외국계 화공] Senior Account manager f…	(주)에이치…	08.23
자동차부품 Calibration Engineer	(주)투비파…	채용시까지
헤드헌터 초빙 (인생 2모작, NEW-START)	라온서치	08.31
IMC Leader / 국내 럭셔리 코스메틱스 브랜드	벤처피플	채용시까지
[시청역/정규직] 외국계 기업 재무 회계 채용…	보보스링크	08.23
(국내최대 오픈마켓기업) 웹서비스 Back-E…	(주)에이치…	09.15
[외국계 공유오피스] Business Developm…	아데코코리아	채용시까지
[외국계기업] Accounting Manager	켈리 서비…	09.22
[외국계] Assistant Brand Manager /BM …	(주)탑경영…	09.08
6. ERP컨설팅 / 차장급	베스트네트…	09.09
국내 대형증권사 자산배분 리서치 담당자	파인드뉴로…	채용시까지
(Digital Market Manager, 과장급, 외국…	(주)코어피플	09.02
인프라보안 엔지니어-국내메이저 IT회사	엔터웨이파…	09.16
## [프랜차이즈] Brand Marketing Mana…	(주)더라이…	09.17
[외투법인] AR Accountant_4년 이상_SAP…	(주)유니코…	09.20
[국내상장사] 소비재 마케팅 (경력)	더라이징스…	채용시까지
★ 대기업 Top 기업 - 시스템 운영 및 개발 (…	(주)맨파워…	09.21
CFO (상무) - 국내 대기업 제조업체	HRKorea /…	08.23

출처: 피플앤잡 홈페이지

전체 | 신입 | 검색

255

등록일	직무	직종	회사명	근무지역	마감일
2018.08.23	제주 공즈카지노 마케팅 신입채용 사원	일반사무직	공즈카지노 제주	제주	2018.09.22
2018.08.23	★★외국계 프린터 기술지원 신입사원,대리 사원	기술지원	(주)카이로스 컨설팅	서울 강남	2018.08.29
2018.08.23	U [외국계 자동차금융기업] Team admin/인턴/신입가능 학생/신입	일반사무직 / …	켈리서비스 유한회사	서울 중구 / 1호…	2018.09.22
2018.08.23	[판교/근무환경 上] 신입 비서 채용 학생/신입	비서	(주)맨파워코리아	경기 성남 / 경…	2018.09.22
2018.08.23	전문 Recruitment 컨설턴트 /서치컨설턴트/ 리서처 / 인턴 채용 중간관리자	기타	(주)맨파워코리아	서울 본사	채용시까지
2018.08.23	[신입가능/강남] 로레알코리아 Marketing Assistant 채용 학생/신입	일반사무직 / …	(주)맨파워코리아	서울 / 서울 강남	2018.09.22
2018.08.23	이천) 외국계 반도체 회사 Team admin 채용 사원	일반사무직	(주)맨파워코리아	경기도 / 이천	2018.09.22
2018.08.22	(국내 대기업 계열사) 영업팀장/마케팅/마케팅기획/상품기획/영업(중국/일본) (신…	마케팅,시장조…	반석써치(주)	경기	채용시까지
2018.08.22	이천) 외국계 반도체 회사 Team admin 채용 사원	일반사무직	(주)맨파워코리아	경기도 / 이천	2018.08.26
2018.08.22	★★외국계 프린터 기술지원 신입사원,대리 사원	기술지원	(주)카이로스 컨설팅	서울 강남	2018.08.29
2018.08.22	국제회계기준 실무 및 연결재무제표 과차장급 중간관리자	경리,회계,세무…	(주)코리아휴먼리…	충북 진천	채용시까지
2018.08.22	전략그룹 5년이상 중간관리자	기획직	(주)코리아휴먼리…	성남	채용시까지
2018.08.22	제조업 기획업무 대리 과장 차장 중간관리자	기획직	(주)코리아휴먼리…	충북 진천	채용시까지
2018.08.22	Jennifer APM 기술지원 경력 중간관리자	기술지원	(주)코리아휴먼리…	서울 중구	채용시까지
2018.08.22	[국내 제약사] 약사 긴급 채용 [신입/경력] 중간관리자	의사,약사,간호사	(주)임팩트그룹코…	서울	채용시까지
2018.08.22	U [다이와증권] 외국계 회사 / 사내 전산 관리 (신입사원모집_정규직) 학생/신입	기술지원 / 전…	Daiwa Securities…	서울 / 서울 여…	채용시까지
2018.08.22	[화성/연3200만/신입가능/영어] 외국계기업 팀ADMIN 채용 (화학전공자우대) 사원	일반사무직	(주)키스템프	수원 / 화성시 /…	2018.08.24
2018.08.22	[삼정KPMG] HRD 및 사내교육 인턴 채용 학생/신입	일반사무직	삼정KPMG	서울특별시	2018.08.31
2018.08.22	외국계 소비재 IT 개발자 (신입사원/사원 급) 학생/신입	프로그램개발,…	에이피써치	서울시 강남구	채용시까지
2018.08.22	㈜더라이징스타 정규직 헤드헌터/리서처 채용(신입/경력) 학생/신입	인사,인재개발	(주)더라이징스타	서울특별시	2018.09.21
2018.08.22	신규사업기획/마케팅 담당자(신입가능) 학생/신입	마케팅,시장조사	(주)더라이징스타	서울특별시	2018.09.21
2018.08.22	- [외국계제약/연봉협의] Sales specialist 채용 - 중간관리자	영업관리 / 국…	해피피플	서울 강남	2018.08.29

출처: 피플앤잡 홈페이지

2. 리서치 노하우

홈페이지에 있는 채용공고 버튼을 클릭하고 검색창에 '신입'을 치면 관련 구인공고를 한눈에 볼 수 있다.

[FedEx Korea] Marketing Analyst

FedEx Korea

근무지역 : 서울특별시
등록일 : 2018.06.29
직종 : 기획직 / 마케팅,시장조사 / 광고,홍보

Guidelines for Applicants

전형방법 :
1. Document screening
2. Interview(Including presentation)

1. 서류심사 (합격자에 한해 개별 통지)
2. 면접 및 영어 프리젠테이션

제출서류 :
Please send a CV and cover letter in English to 623824@fedex.com by July 6 ,2018.
영/국문 이력서, 자기 소개서

이력서 양식 :

접수방법 :
이메일 : 623824@fedex.com

마감일 : 2018.07.29

출처: 피플앤잡

이 구인공고는 페덱스 한국지사에서 직접 올린 것임에 틀림없다. 도메인 주소가 '@fedex'이기 때문이다. 이렇게 기업에서 직업 올린 구인공고를 보고 지원하고 싶을 때는 가능하면 전화보다는 이메일로 이력서를 제출하는 것이 좋다. 궁금한 사항도 이메일로 문의하면 된다. 이메일을 보냈는데 답장이 없으면 이메일을 보낸 지원자 ○○○이라고 자기소개를 한 후 구직 공고와 관련해 문의를 드린다는 식으로 전화하는 것도 한 방법이다.

[강남] 바이오테크회사 소프트웨어 개발 (신입가능)

아데코코리아

근무지역 : 서울 강남
등록일 : 2018.06.29
직종 : 전기,설비

Job Description

- SW 개발

영상기반 지단용 PC/Embedded UI 개발 및 이미지 프로세싱

Job Requirements

- 대졸 이상 (전기, 전자, 제어공학 전공)
- 관련업무 근무경험자 우대
- 성별 무관

Guidelines for Applicants

전형방법 :
1차 서류전형
2차 면접전형

제출서류 :
한글이력서, 영문이력서, 한글자기소개서 (각종 증빙서류는 서류전형합격자에 한해 추후제출)

접수방법 :

온라인 지원

이메일 : Clair.kim@adecco.com

마감일 : 2018.07.29

출처: 피플앤잡

이 구인공고는 헤드헌팅 회사인 아데코코리아에서 낸 것이다. 그래서 위 정보만으로는 실제 회사 이름이나 관련 정보를 확인할 수 없다. 나는 신입 때 이 헤드헌팅 회사에 전화해서 담당자와 직접 통화한 적이 있다.

간단하게 자기소개를 한 후 특정 포지션에 관심이 있으니 회사의 정보를 더 알 수 있는지 물어보면 헤드헌터는 크게 두 방향으로 대답한다. 첫째, 지원자에게 이메일로 이력서 및 자소서를 보내달라고 한다. 둘째, 회사의 정보를 전반적으로 알려준다. 외국계 인사팀과 마찬가지로 헤드헌터는 지원자의 전화와 이메일을 많이 받는다. 그렇기 때문에 지원자에게 관심이 없으면 회사 설명을 해주지도 않고 이메일로 서류를 보내달라고 답변한다. 이때 이력서를 보내되, 가급적이면 직접 한 번 찾아가서 1대 1로 만나 헤드헌터와 관계를 형성하기를 추천한다. 얼굴을 아는 지원자를 아무래도 더 신뢰할 수 있기 때문이다. 헤드헌터가 여러분을 신뢰할 수 있다는 말은 그 다음 프로세스로 진행될 확률이 높다는 의미다.

3. 커리어센터

홈페이지를 보면 '커리어센터' 항목이 있다. 여기에는 취준생과 경력자들이 궁금해하는 사항이 칼럼 형식으로 깔끔하게 정리돼 있으며 대부분 무료로 이용할 수 있다. 전문적인 컨설팅을 받고 싶다면 유료 서비스를 이용하는 것도 한 방법이다. 단, 컨설팅을 받을 때는 항상 컨설턴트의 이력을 조회해 검증한 후에 진행해야 한다는 사실을 잊지 말자.

블라인드Blind

1. 회사 소개

블라인드는 인증된 직장인들의 소통을 위해 만들어진, 익명성이 보장된 모바일 커뮤니티다. PC 사이트가 없으므로 모바일 앱으로만 이용할 수 있다. 다양한 기업의 현직자들이 편하게 이야기를 나누는 공간으로 취준생에게 도움이 될 만한 정보가 꽤 많다. 하지만 경력자들만 이 커뮤니티를 알고 있고 취업 준비생들은 잘 모르는 경우가 많다. 이 회사 또한 헤드헌팅 비즈니스를 하고 있으니 같이 검색해보면 도움이 될 것이다.

2. 블라인드 앱

앱에 들어가서 궁금했던 점을 검색하면 전에 다른 사람들이 질문한 내용이 나온다. 그 질문과 관련이 있는 업계의 현직자 또는 다른 사람들이 답글을 달아주는 시스템이라 흥미롭다.

이런 사이트들을 이용할 때 주의할 점은 어디까지나 참고만 해야 한다는 것이다. 현직자의 대답이 항상 정답은 아니라는 점을 염두에 두기 바란다.

링크드인
(www.linkedin.com)

1. 회사 소개

세계에서 가장 인기 있는 소셜 네트워크 서비스를 꼽으라면 흔히 페이스북을 생각한다. 그런데 페이스북보다 먼저 '소셜 네트워크'의 가치를 알아보고 투자한 곳이 있다. 링크드인LinkedIn이라는 기업이다. 링크드인 설립자 리드 호프만은 페이스북에 직접 투자한 인물이기도 하다. 현재 링크드인은 4억 명 이상의 사용자를 보유, 13년 동안 비즈니스 인맥을 찾아주는 대표적인 SNS로 자리 잡았다. 취업하기 전에 이 서비스를 미리 알고 꼭 사용하기를 적극적으로 추천한다.

2. 기업 리서치

우선 가입을 하면 무상으로 서비스를 이용할 수 있다. 이력 칸에 현재 학교, 인턴, 경력 등의 다양한 정보를 채우면 된다. 그 이력을 보고 회사나 헤드헌터들이 여러분에게 일촌 신청을 보내올 것이다. 그 후에는 링크드인 메신저, 이메일 그리고 전화로 연락하는 경우가 많다.

궁금한 사항이 있을 때는 사이트 검색창에 원하는 키워드를 넣으면 관련 회사 공고, 회사의 인사담당자 그리고 헤드헌터가 검색된다. 이들에게 일촌 신청을 하고 상대방이 수락하면 질문도 할 수 있고 상대방의 이력을 자세하게 볼 수도 있다. 또 링크드인은 글로벌 사이트이기 때문에 해외에 있는 담당자에게 연락하는 등 다양한 나라에 지원할 수 있다.

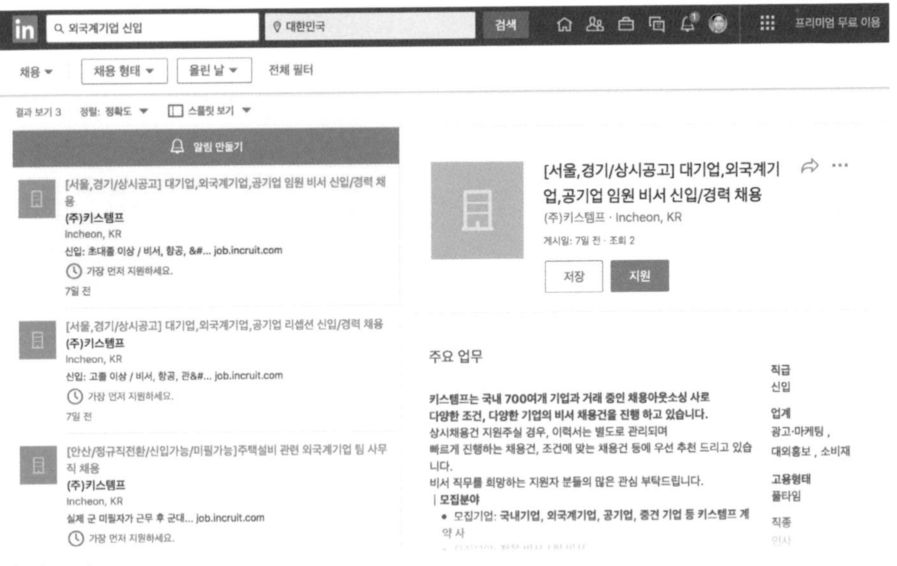

출처: 링크드인

관심을 가지실 만한 채용 공고

조회하신 항목을 참고하여...

Confidential General Manager - Commercial Marketing (Automotive)　　모두 보기

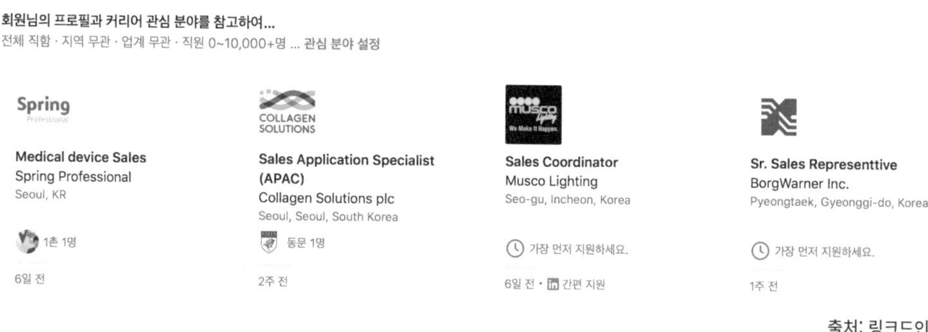

출처: 링크드인

3. 링크드인 알고리즘 서비스

링크드인은 구직자가 관심 분야를 설정하면 이 이미지처럼 관심 분야와 관련이 있는 회사들의 취업 공고를 구직자에게 보여준다. 관심 분야만 걸어 놓으면 그 다음은 링크드인이 알아서 업데이트 될 때마다 보여주니 아주 편리하다. 유료 서비스도 있지만, 취준생은 무상으로 제공하는 서비스만 활용해도 충분하다.

4. 링크드인 일촌

내 링크드인 서비스 현황을 보면 최근 프로필을 조회한 사람은 29명이다. 그리고 현재 나와 일촌을 맺고 있는 사람은 149명이다. 일촌에게 누군가를 추천할 수 있고, 글을 쓰면 그 글을 일촌인 상대방이 볼 수 있다. 내 지인 중 한 명이 GE의 회장 존 플래너리John Flannery가 올린 글을 추천했으므로 나도 그의 인터뷰 동영상을 볼 수 있는 것이다.

이렇게 다양한 사람과 일촌을 맺으면 그들의 관심사 또는 공유하는 글을 자연스럽게 접할 수 있고, 이를 1년 정도 꾸준히 하면 트렌드를 쉽게 파악할 수 있다. 글로벌 기업에 취업하고 싶다면 글로벌 기업에서 일하는 사람들의 패턴을 학생 때부터 미리 연구하고 벤치마킹해야 한다.

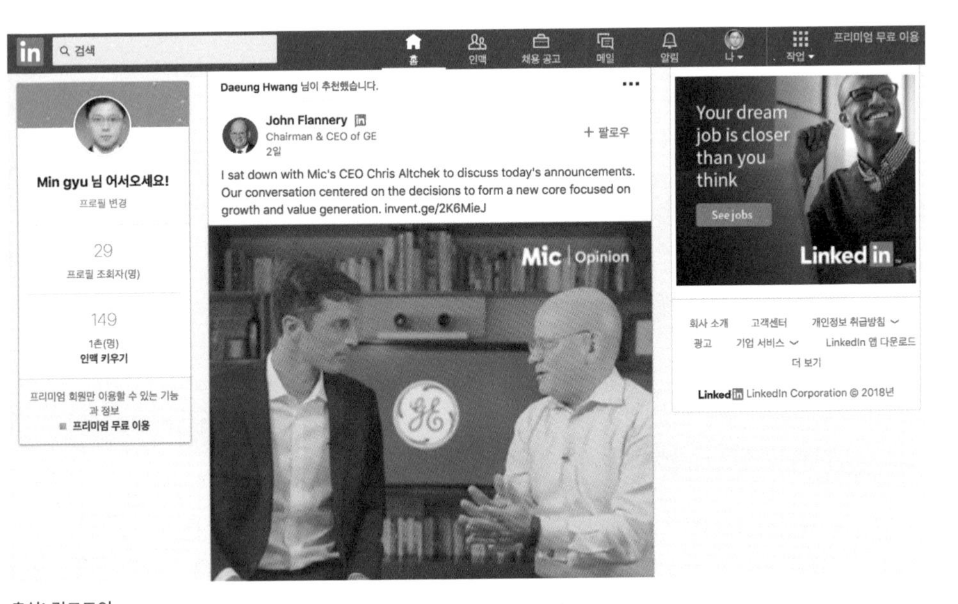

출처: 링크드인

7.
똑똑하게 헤드헌터를 활용하라

보통 직장인들은 은퇴하기 전까지 평균적으로 서너 개 이상의 직업을 갖는다고 한다. 나는 인턴십을 포함해 총 일곱 군데의 회사에서 근무한 경험이 있는데, 좀 많은 경우이긴 하지만 다른 직장인 또한 커리어를 끊임없이 관리할 필요성이 있다는 의미도 된다. 하지만 직장인 대부분이 한정된 네트워크와 산업군 안에서 근무를 하다 보니 이직 또는 전직 방향성을 세우고 커리어를 발전시켜 나가기란 좀처럼 쉽지 않다. 이때 커리어를 전문적으로 연결해주는 역할을 하는 좋은 헤드헌터를 만나면 좀 더 쉽게 커리어를 관리할 수 있다. 또한 앞에서도 말했듯 경력직뿐 아니라 취업을 준비하는 대학생 또한 헤드헌터를 적극적으로 활용할 필요성이 있다.

취업을 처음 준비하는 대학생들은 '내가 먼저 헤드헌터에게 연락해도 될까?'라는 생각이 들 것이다. 물론 아무것도 준비하지 않은 채 헤드헌터에게 연락하면 상대가 좋아하지 않을 수도 있다. 하지만 기본적인 이력서, 자소서 그리고 원하는 회사와 직무를 정확하게 정했다면 헤드헌터와의 미팅이 훨씬 더 수월해진다.

헤드헌터는 일반적으로 경력직을 선호하지만 괜찮은 신입을 알아두는 것도 일종의 투자다. 그러므로 매너를 지키며 먼저 연락해 열정과 패기를 보여주면 된다.

포털 사이트에 '헤드헌팅 업체'를 검색하면 다양한 업체가 나온다. 한국에만 약 1200개의 헤드헌팅 업체가 경쟁을 하고 있어 서로 광고를 많이 하다 보니 오히려 큰 회사가 한눈에 들어오지 않는 경향이 있는데, 커리어케어, 맨파워, 유니코어서치, 아데코코리아 정도만 알아도 충분하다.

내가 보기에 가장 정리가 잘돼 있는 헤드헌팅 회사는 커리어케어다. 커리어케어를 한 번 검색해보자. 이곳은 사이트에서 설명하듯이 대표, 임원 그리고 다양한 헤드헌터, 평판 조회, 면접관 교육까지 다양한 서비스를 제공하고 있다. 참고로 신입사원은 평판 조회를 하지는 않지만, 경력직이라면 개개인이 매우 중요한 포지션을 담당할 수 있기에 지원자의 레퍼런스를 체크한다. 나도 다닌 외국계 기업 중 한 곳은 직접 헤트헌팅 회사 다섯 곳에 평판 조회를

Service

our talent market intelligence report". Careercare with various resources and database diagnosis the status of talent market for your business.

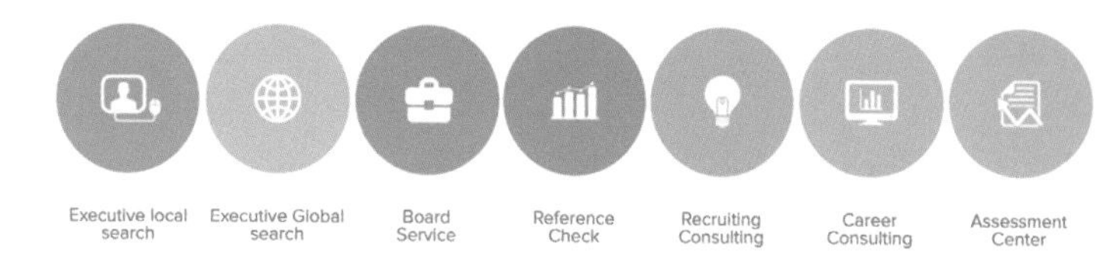

출처: 커리어캐어

의뢰했다. 그래서 최종면접은 합격했지만 평판 조회 때문에 떨어지는 경력직 지원자도 꽤 많았다. 그러므로 입사 후에는 안팎으로 평판 관리를 꼭 해야 한다.

헤드헌팅 사이트를 이용할 때 '컨설턴트' 항목을 클릭하면 보통 임원, 컨설턴트, 자문위원, 고용 정보 관련 항목 등이 나온다. 여기서 다시 컨설턴트를 클릭하고 관심 있는 산업군을 클릭하면 해당 산업군 전담 컨설턴트들이 여러 명 나타난다. 이때 신입사원으로 지원해야 하므로 컨설턴트 중 가장 직급이 낮은 컨설턴트에게 연락을 하는 것이 바람직하다. 임원급 컨설턴트들은 여러분이 들어갈 수 있는 포지션을 다루지 않기 때문에 연락을 해도 소득 없이 서로에게 시간 낭비일 가능성이 높다.

커리어케어는 최상위 컨설팅 업체이기 때문에 이런 부분을 신경 써야 한다. 하지만 직원이 한두 명인 헤드헌팅 업체에 연락할 때는 너무 고민하지 말고 편하게 연락하면 된다.

2009년에 취업을 위해 헤드헌터와 통화한 적이 있다. 헤드헌터는 업체 소개를 비롯해 여러 설명을 한 뒤 정해진 양식대로 이력서를 보내달라고 요청했다. 그래서 정해진 양식대로 헤드헌터에게 아래 이미지처럼 메일을 보냈다.

지원자입니다.

보낸사람 김민규

받는사람

일반 첨부파일 1개 (70KB) 모두 저장

Resume_김민규.doc 70KB

안녕하십니까!

유선상으로 연락드렸던 김민규라고 합니다.

요청하신 이력서를 보내드리오니 확인부탁드립니다.

감사합니다.

김민규 드림

당시 취업 고민이 꽤 컸기에 우선 부딪혀보자는 심정으로 30개의 헤드헌팅 업체를 골랐다. 그리고 담당자에게 메일을 보낸 후 회신 온 순서대로 연락을 취했다. 물론 연락이 오지 않은 헤드헌터에게는 전화를 했다. 그리고 내 이력과 관심 분야를 설명한 뒤 사이트에 올라온 공고에 지원할 자격이 되는지 물어봤다. 해당되는 경우에는 헤드헌터들이 먼저 사무실로 오라고 제안했다. 내가 당장 들어갈 수 있는 포지션이 없다 하더라도 직접 만나 커리어 관련 상담을 하고 싶다고 말하면 대부분은 바쁜 와중에도 흔쾌히 시간을 내줬다. 이렇게 많은 헤드헌터를 만나고 산업 동향과 내 장점과 단점에 대한 이야기를 듣다 보니 스스로 어떻게 취업을 준비해야 할지 정리가 됐다.

나는 존슨앤드존슨 재직 중 만난 한 헤드헌터 회사의 김대식 전무와 아직도 서로 안부를 물어보는 사이이다. 재직 시절, 내게 커리어 관련 고민이 있을 때마다 김대식 전무는 다양한 커리어를 가지고 인생 선배로서 조언을 아끼지 않았다. 주변 지인을 둘러봐도 나처럼 커리어를 챙겨줄 수 있는 헤드헌터와 관계 맺고 있는 사람은 많지 않다.

일반적으로 좋은 헤드헌터는 여러 기업의 구인 정보 및 기업의 숨은 요구까지 다양하게 알고 있다. 그러므로 여러분의 커리어와 같이 갈 수 있는 동반자 같은 헤드헌터를 꼭 찾아야 한다.

마지막으로 헤드헌터와 관계를 형성할 때 몇 가지 주의할 점이 있다. 첫째, 지원하는 업계를 잘 모르면 안 된다. 둘째, 전화 또는 미팅 때 한 약속을 꼭 지켜야 한다. 셋째, 오늘 전화 와서 내일 바로 면접을 진행하려는 사람, 즉 지원자와 미팅도 하지 않고 바로 기업에 소개하려는 헤드헌터는 피하는 것이 좋다. 넷째, 한 번에 너무 많은 기업을 소개해주는 헤드헌터 역시 피하는 것이 좋다. 하지만 그 사람이 필요하다고 판단했다면 이런 헤드헌터와도 관계를 유지할 줄 알아야 한다. 다만 커리어를 책임질 파트너로 삼기보다 전략적인 관계로 생각하는 편이 바람직하다.

8.
포브스 100대 기업

1. 포브스 소개

포브스는 1917년에 창립된 미국의 출판 및 미디어 기업이다. 경제 잡지 <포브스> 지가 유명하며 대중에게는 회사의 브랜드 가치, 글로벌 부자의 순위를 발표하는 잡지로 많이 알려져 있다. 또한 '세계에서 가치 있는 50개 스포츠 팀' 순위도 매기기 때문에 국내 언론도 종종 인용하곤 한다.

2. 브랜드 평가 기준

포브스는 기업의 브랜드 가치를 평가할 때 기업의 매출, 자산, 주식, 가치를 합산해 순위를 매긴다. 다양한 글로벌 기업가와 직장인들이 매년 평가되는 기업의 순위와 브랜드 가치 및 산업군별 트렌드를 파악하려고 가장 많이 구독하는 경제 잡지다.

3. 2018 포브스의 브랜드 가치 기업 100위

관심 가는 산업군 또는 회사를 고른 후 연도별로 회사의 브랜드 가치가 어떻게 변했는지 확인하면 더 발전할 가능성이 있는 곳인지 아니면 쇠퇴하고 있는 곳인지를 알 수 있다. 한 예로, 전 세계적으로 브랜드 가치 1위를 가장 많이 한 회사는 코카콜라다. 2018년에도 4위라는 꽤 높은 순위에 자리 잡고 있지만 몇 년 전부터 애플, 구글, 마이크로소프트에게 자리를 넘겨주기 시작했다.

기업이나 산업군의 변화를 확인해서 가고 싶은 회사를 정할 수도 있고, 이를 참고한 후 면접에 들어가면 조금 더 깊이 있는 대답을 할 수 있을 뿐만 아니라 면접관에게도 좋은 인상을 남길 수 있다.

2018년 5월, 포브스는 글로벌 2000'이라는 이름으로 글로벌 기업 가치 순위를 발표했다. 이 리스트는 매출액, 영업이익, 자산 그리고 시장가치의 네 영역을 토대로 전 세계 상장 기업의 순위를 2000등까지 평가한 것이다.

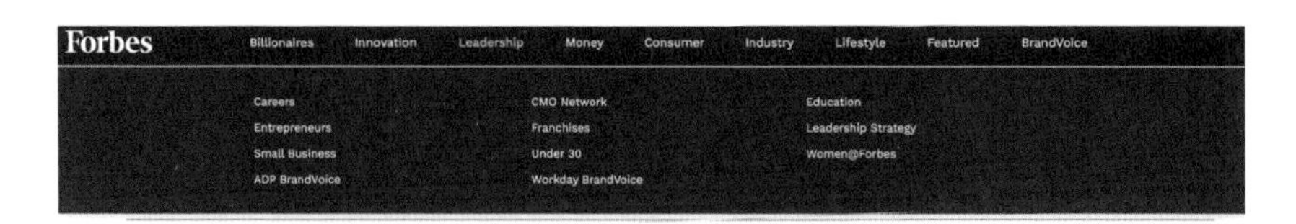

출처: 포브스 홈페이지

4. 포브스 홈페이지 활용

포브스 홈페이지에 들어가면 다양한 뉴스와 리더들의 메시지, 인터뷰 동영상을 볼 수 있다. 홈페이지 상단 창에서 요즘 대중이 가장 관심 있어 하는 제품 및 기사, 트렌드를 한눈에 볼 수 있다. 그 안에 입사하고자 하는 회사가 있다면 그 기업의 CEO가 전달하는 메시지를 통해 기업의 비전, 문화, CEO의 생각을 알 수도 있다.

그리고 원하는 기업을 찾기도 편리하다. 홈페이지 왼쪽 위에는 다양한 SNS도 있으니 팔로우하면 포브스에서 업데이트하는 뉴스 및 다양한 정보가 여러분의 모바일로 들어올 것이다. 또한 관련 정보나 동영상을 유튜브에서도 쉽게 찾아 볼 수 있으므로 기업 및 산업의 트렌드를 찾는 데 적극적으로 활용하기를 바란다.

글로벌 2000 - 2018 글로벌 100대 상장기업

	Rank	Company	Country	Sales	Profits	Assets
	#1	ICBC	China	$165.3 B	$43.7 B	$4,210.9 B
	#2	China Construction Bank	China	$143.2 B	$37.2 B	$3,631.6 B
	#3	JPMorgan Chase	United States	$118.2 B	$26.5 B	$2,609.8 B
	#4	Berkshire Hathaway	United States	$235.2 B	$39.7 B	$702.7 B
	#5	Agricultural Bank of China	China	$129.3 B	$29.6 B	$3,439.3 B
	#6	Bank of America	United States	$103 B	$20.3 B	$2,328.5 B
	#7	Wells Fargo	United States	$102.1 B	$21.7 B	$1,915.4 B
	#8	Apple	United States	$247.5 B	$53.3 B	$367.5 B
	#9	Bank of China	China	$118.2 B	$26.4 B	$3,204.2 B
	#10	Ping An Insurance Group	China	$141.6 B	$13.9 B	$1,066.4 B

#11	Royal Dutch Shell	Netherlands	$321.8 B	$15.2 B	$410.7 B	$306.5 B
#12	Toyota Motor	Japan	$265.2 B	$22.5 B	$473 B	$200.7 B
#13	ExxonMobil	United States	$230.1 B	$20.4 B	$348.8 B	$344.1 B
#14	Samsung Electronics	South Korea	$224.6 B	$41 B	$293.2 B	$325.9 B
#15	AT&T	United States	$159.2 B	$30.6 B	$446.3 B	$198.3 B
#16	Volkswagen Group	Germany	$272 B	$13.1 B	$531.4 B	$101.4 B
#17	HSBC Holdings	United Kingdom	$63.2 B	$10.8 B	$2,652.1 B	$200.3 B
#18	Verizon Communications	United States	$128 B	$31.2 B	$264.5 B	$200.9 B
#19	BNP Paribas	France	$117.8 B	$8.5 B	$2,353.9 B	$93.6 B
#20	Microsoft	United States	$103.3 B	$14.2 B	$245.5 B	$750.6 B
#21	Chevron	United States	$139.4 B	$10.2 B	$256.4 B	$248.1 B

AXA	#33	AXA Group	France	$149.9 B	$6.7 B	$1,029.1 B
Comcast.	#34	Comcast	United States	$86.9 B	$23.3 B	$190.9 B
CHINA LIFE 中国人寿	#35	China Life Insurance	China	$97.1 B	$6 B	$474.2 B
bp	#36	BP	United Kingdom	$251.9 B	$4.3 B	$275.3 B
MUFG	#37	Mitsubishi UFJ Financial	Japan	$51.8 B	$8.9 B	$2,774.2 B
交通银行	#38	Bank of Communications	China	$59.1 B	$10.7 B	$1,472.9 B
SoftBank Group	#39	Softbank	Japan	$82.6 B	$9.2 B	$293.2 B
	#40	BMW Group	Germany	$114.4 B	$10.2 B	$241.3 B
	#41	Anheuser-Busch InBev	Belgium	$56.4 B	$7.9 B	$248.6 B
	#42	Royal Bank of Canada	Canada	$40.5 B	$8.8 B	$1,040.3 B
GAZPROM	#43	Gazprom	Russia	$112.2 B	$12.2 B	$316.8 B

#22	Allianz	Germany	$122.5 B	$7.7 B	$1,128.6 B	$100.4 B
#23	Alphabet	United States	$117.9 B	$16.6 B	$206.9 B	$766.4 B
#24	Walmart	United States	$500.3 B	$9.9 B	$204.5 B	$246.2 B
#25	China Mobile	Hong Kong	$109.5 B	$16.9 B	$233.7 B	$192.6 B
#26	Total	France	$155.8 B	$8.4 B	$257 B	$168 B
#27	Sinopec	China	$326.6 B	$8 B	$249.9 B	$138.6 B
#28	UnitedHealth Group	United States	$207.6 B	$11.2 B	$155.6 B	$229 B
#29	Daimler	Germany	$193.2 B	$11.8 B	$323.2 B	$85.7 B
#30	PetroChina	China	$282.4 B	$4.1 B	$381.1 B	$220.2 B
#31	Banco Santander	Spain	$56.1 B	$8 B	$1,769.1 B	$106.3 B
#32	China Merchants Bank	China	$49.9 B	$11 B	$993.7 B	$112.4 B

Pfizer	#44	Pfizer	United States	$52.7 B	$21.7 B	$164.6 B	$20
Itaú	#45	ItaÚ Unibanco Holding	Brazil	$62.3 B	$7.5 B	$437.6 B	$8
NTT	#46	Nippon Telegraph & Tel	Japan	$104.8 B	$7.7 B	$191.1 B	$9
СБЕРБАНК	#47	Sberbank	Russia	$46.3 B	$13.4 B	$470.9 B	$8
	#48	Nestle	Switzerland	$91.2 B	$7.3 B	$133.8 B	$2
	#49	Intel	United States	$64 B	$11.1 B	$128.6 B	$2
MorganStanley	#50	Morgan Stanley	United States	$45.6 B	$6.9 B	$858.5 B	$5
	#51	Siemens	Germany	$94.5 B	$7.1 B	$163.4 B	$1
	#52	Boeing	United States	$95.8 B	$9.2 B	$113.5 B	$1
	#53	Amazon.com	United States	$193.2 B	$3.9 B	$126.4 B	$1
TD	#54	TD Bank Group	Canada	$35.7 B	$7.9 B	$1,028.1 B	$

#55	Procter & Gamble	United States	$66.4 B	$10.1 B	$124.4 B	$184.5 B
#56	ING Group	Netherlands	$56.6 B	$5.5 B	$1,016.1 B	$62.2 B
#56	Postal Savings Bank Of China	China	$56.1 B	$7.6 B	$1,466.6 B	$55.3 B
#58	Honda Motor	Japan	$138.6 B	$9.6 B	$181.9 B	$58.9 B
#59	Sumitomo Mitsui Financial	Japan	$49.1 B	$7.2 B	$1,847.7 B	$58.3 B
#60	Goldman Sachs Group	United States	$43.7 B	$4.9 B	$973.5 B	$91.8 B
#61	Intesa Sanpaolo	Italy	$42.5 B	$8.3 B	$956.9 B	$63.1 B
#62	Industrial Bank	China	$48 B	$8.8 B	$1,023.1 B	$53.5 B
#63	Novartis	Switzerland	$50.3 B	$8.1 B	$135.5 B	$203 B
#64	Glencore International	Switzerland	$205.4 B	$5.8 B	$135.6 B	$75.5 B
#65	Banco Bradesco	Brazil	$76.5 B	$4.7 B	$370.5 B	$61.3 B

PRUDENTIAL	#66	Prudential	United Kingdom	$111.5 B	$3.1 B	$655.1 B	$67.
	#67	Ford Motor	United States	$159.6 B	$7.8 B	$267.2 B	$44
	#67	IBM	United States	$80.1 B	$5.7 B	$125.3 B	$13
CVS pharmacy	#69	CVS Health	United States	$185.9 B	$6.6 B	$135.1 B	$65
浦发银行 SPD BANK	#70	Shanghai Pudong Development	China	$48.3 B	$8.2 B	$974.8 B	$5
CommonwealthBank	#71	Commonwealth Bank	Australia	$33 B	$7.6 B	$752.4 B	$9.
	#72	Walt Disney	United States	$56.8 B	$11.5 B	$97.9 B	$1
Prudential	#73	Prudential Financial	United States	$61.1 B	$7.8 B	$829.7 B	$
РОСНЕФТЬ	#73	Rosneft	Russia	$94.8 B	$3.9 B	$214.2 B	$
enel	#75	Enel	Italy	$86.7 B	$4.6 B	$193.6 B	$
CITIC PACIFIC	#76	Citic Pacific	Hong Kong	$57.8 B	$5.6 B	$962.1 B	$

	#77	Facebook	United States	$44.6 B	$17.8 B	$88.9 B	$541.5 B
tLife	#78	MetLife	United States	$64.1 B	$4.4 B	$712.6 B	$47.5 B
Deutsche Telekom	#79	Deutsche Telekom	Germany	$84.5 B	$3.9 B	$179.1 B	$80.8 B
AIC	#80	SAIC Motor	China	$136.6 B	$5.4 B	$118.4 B	$63.8 B
ba Group	#81	Alibaba	China	$37.9 B	$9.6 B	$114 B	$499.4 B
	#82	BASF	Germany	$75.1 B	$7.1 B	$98.9 B	$95.3 B
ance es Limited	#83	Reliance Industries	India	$60.8 B	$5.6 B	$125.2 B	$93.1 B
	#84	China State Construction Engineering	China	$162.3 B	$5.1 B	$257.6 B	$40.4 B
言银行	#85	China Citic Bank	China	$43.6 B	$6.5 B	$894 B	$46.5 B
	#86	Sony	Japan	$77.1 B	$4.4 B	$179.3 B	$59.9 B
stpac	#87	Westpac Banking Group	Australia	$29.4 B	$6.4 B	$668.8 B	$76.2 B

Scotiabank	#88	Bank of Nova Scotia	Canada	$28.8 B	$6.5 B	$752.5 B	$7
BRITISH AMERICAN TOBACCO	#88	British American Tobacco	United Kingdom	$26.1 B	$48.3 B	$190.8 B	$12
中国民生银行	#90	China Minsheng Banking	China	$42.7 B	$7.4 B	$954 B	$43
	#91	Equinor	Norway	$65.1 B	$4.9 B	$115.4 B	$9
AIA	#92	AIA Group	Hong Kong	$31.9 B	$6.1 B	$213.2 B	$11
Roche	#93	Roche Holding	Switzerland	$54.2 B	$8.8 B	$78.7 B	$18
LLOYDS BANKING GROUP	#94	Lloyds Banking Group	United Kingdom	$33.6 B	$4 B	$1,098.6 B	$6
Eni	#95	Eni	Italy	$75.5 B	$3.9 B	$143.1 B	$7
Charter	#96	Charter Communications	United States	$42.1 B	$9.9 B	$146.2 B	$6
	#97	Nissan Motor	Japan	$106.9 B	$7.4 B	$173.7 B	$3
LUKOIL	#98	LukOil	Russia	$99.9 B	$7.2 B	$92 B	$

United Technologies	#99	United Technologies	United States	$61.2 B	$4.5 B	$98.8 B	$99.6 B
BAYER	#100	Bayer	Germany	$44.4 B	$8.4 B	$92.7 B	$104.6 B

글로벌 2000 - 2018 글로벌 200대 상장기업

	기업명	국가
1위	공상은행	중국
2위	건설은행	중국
3위	JP 모건체이스	미국
4위	버크셔헤서웨이	미국
5위	농업은행	중국
14위	삼성전자	한국
147위	현대자동차	한국
200위	SK 하이닉스	한국
219위	KB 금융	한국
229위	포스코	한국
273위	신한은행	한국

4장

글로벌 인재들은 기본에 집중한다

1.
문제 해결 능력

보스턴컨설팅 그룹의 김수연 인사팀장은 2018년 02월 27일 한 미디어와의 인터뷰에서 사람을 뽑을 때 "남들이 미처 생각하지 못한 문제를 먼저 찾아내는 '창의력'과 이를 논리적으로 풀어나가는 '문제해결 능력'을 가장 중요하게 평가한다"고 말했다.

언뜻 전략적인 문제 해결 능력은 컨설팅 회사에서만 필요하다고 생각할 수 있지만, 외국계 기업에서는 특히 직업 한 명이 담당하는 역할이 매우 크기 때문에 논리적 사고를 바탕으로 한 문제해결 능력을 인재가 갖춰야 할 가장 큰 자산이라고 판단한다.

보스턴컨설팅에 입사한 권현지 씨는 '어떻게 전략적 사고력을 키울 수 있는가'라는 질문에 "신문을 꾸준히 읽으면서 산업별 동향과 발생한 문제를 파악해 비즈니스적인 감각을 키우는 것이 중요하다"고 말했다. 이어 그는 "여러 회사의 케이스를 보면서 '왜'라는 질문을 하고 스스로 문제를 해결하려는 방법을 찾는 과정을 연습하는 것도 중요하다"며 혼자 하기 어렵다면 스터디 그룹이나 관련 동아리에 들어가는 것도 방법이라고 귀띔했다.

존슨앤드존슨은 직원의 전략적 사고력을 키우려고 삼성에서 식스 시그마* 교육을 담당하던 박성호 이사님을 스카웃해서 모든 부서의 직원을 상대로 교육을 진행했다. 이처럼 모든 기업이 전략적 사고력을 중시한다고 봐도 과언이 아니다.

2018년 7월 8일에 방송된 SBS의 TV 프로그램 <미운 우리 새끼> 94회의 이상민과 승리의 만남 편에서 승리의 '문제 해결 능력'을 엿볼 수 있다.

이상민이 승리에게 사업을 하면서 겪은 문제가 무엇이고, 그 문제를 어떻게 해결했는지 묻자 승리는 "라멘집에서 쓰는 간장을 일본에서 공수해온다. 배에 실어 오는데 일본에 태풍이 와서 2주 동안 간장 공급이 안 됐다"며 "간장이 도착할 때까지 한정 판매를 했

*식스 시그마는 1987년 미국 모토로라의 마이클 해리Michael Harry가 처음 고안했으며, 1990년대 초반 모토로라는 5.5시그마를 달성해 22억 달러를 절감하는 성과를 올렸다. 이에 자극을 받은 제너럴 일렉트릭 회장 잭 웰치Jack Welch는 1996년 1월부터 회사에 식스 시그마 도입을 선언하고 모든 사업 분야에 적용하기 시작했다. 이때 이미 일본은 시계, 텔레비전, 자동차, 카메라 등 정밀기계제품에서도 식스 시그마를 달성해 세계적으로 우수성을 인정받고 있었는데, GE는 여기서 더 나아가 제품의 생산라인은 물론 인사, 관리, 총무, 마케팅 등 비생산 부분까지 시그마 운동의 영역을 확대시켜 나갔다.

다. 손님에게 거짓말을 하지 말자고 생각했다. 그런데 손님들은 진실을 좋아하시더라"라고 말한다. 눈앞에 닥친 문제를 어떻게 해결할지 고민한 끝에 일시적으로 다른 간장을 쓰는 등 맛에 영향을 주는 대책을 내세우지 않고 정면돌파한 것이 손님에게 긍정적으로 작용한 것이다.

이처럼 회사, 부서 그리고 사업 등 모든 분야에서 전략적 사고력은 매우 중요하다. 현재 여러분은 취업이라는 프로젝트를 여러분만의 문제 해결 능력으로 풀어나가는 중인 것이다. 인생에서 가장 어려운 문제일 수도 있지만, 이 연습은 기회를 얻는 과정일 뿐이다.

2.
대인관계에 투자하기

외국계 기업 취업 입사 전략을 크게 세 가지로 나누면 영어, 인맥, 직무라고 한다. 특히 외국계 기업의 채용 방식은 인재풀 → 내부 추천 → (헤드헌터) → 채용 공고 순이다. 그래서 국내에 약 12,000곳의 기업이 있음에도 외국계 기업의 채용 공고를 찾기가 쉽지 않다. 보통 수요가 발생했을 때 수시 채용을 원칙으로 하기 때문이다. 존슨앤드존슨은 직원이 추천한 사람이 채용되면 추천한 직원에게 성과급을 주기도 한다. 내부에서 정보가 공유된 후에도 사람이 채용되지 않으면 외부 헤드헌터에게 이야기하거나 공고를 내서 찾기 때문에 인맥이 없는 구직자는 기회조차 얻기 어렵다. 따라서 커리어 관리를 위해 입사 전뿐만 아니라 입사 후에도 다른 사람들과의 네트워킹은 매우 중요하다.

좋은 네트워크는 스스로 만드는 것이다. 한 리서치 전문 기관이 직장인 2,114명을 대상으로 "1년 동안 새로 쌓은 인맥이 몇 명인가?"를 물어본 결과 직장인 열 명 중 아홉 명이 1년 동안 최소 한 명 이상의 새로운 '인맥'을 개척했다고 응답했고 평균은 12명이었다. 42명까지 인맥을 늘린 사람도 있었다. 커리어와 인생의 다양한 즐거움을 얻고 싶다면 이렇게 인맥을 꼭 관리해야 한다.

삼성경제연구소에서 CEO들에게 'CEO가 되는 과정에서 가장 중요한 지능'과 '보다 큰 경영자가 되기 위해 꼭 개발해야 하는 지능'을 물어본 결과 대인지능,논리수학지능,지성지능, 언어지능 중 대인지능이 약 28퍼센트로 1위를 차지했다. 대표가 되기 전 또는 되고 난 후에도 인맥 관리가 가장 중요한 요소라는 말이다.

글로벌 기업의 인재들은 대인관계에 투자하는 환경에 매우 친숙하다. 입사 전부터 훈련이 돼 있고, 입사 후에도 다른 국가에서 일하는 직원과 자연스럽게 소통하며 인맥을 관리하면서 기회를 얻어 왔기 때문이다.

대기업을 퇴사하고 인시아드 MBA를 다녀온 선배가 있다. 인시아드 MBA는 현재 글로벌 MBA 1순위인, 요즘 가장 핫한 MBA다. 그 선배가 해준 재미있는 이야기를 하나 공유해보려 한다. 해외 인시아드 동문 중 한국에 유소년 축구단을 설립하려고 들어온 사람에게 다른 동문이 그가 한국에서 비즈니스를 할 수 있도록 정보를 교환해가면서 도움을 준 적이 있다고 한다. 결국 한국에서 유소년 축구단을 설립하지는 않았다고 했지만, 선배에게 그 이야기를 듣고 동문이라는 네트워킹의 힘이 정말 강하다는 생각을 했었다.

올림푸스에 재직하던 시절, 경영학 팟캐스트를 자주 듣다 열렬한 청취자가 됐다. 그리고 진행자를 꼭 만나보고 싶다는 생각이 들었다. 당시 진행자는 대기업에 근무하는 컨설턴트 출신 파트너였다.

어느 날, 갑작스럽게 페이스북에 저녁 모임 공지가 올라왔다. 방송을 들으면서 진행자의 사고방식과 마인드가 멋있다고 생각했기에 꼭 참석하고 싶어 당시 근무지가 광주였는데도 회사에 바로 휴가를 내고 서울로 올라왔고, 마포에서 진행자 및 청취자들과 함께 식사하면서 여러 가지 관심사를 공유했다.

2년 후, 나는 그 진행자가 벤처 기업의 최고전략책임자CSO로 이직할 때 따라서 이직했다. 이처럼 다른 사람과의 관계나 인맥은 여러분의 커리어에 막대한 영향을 미칠 수 있으므로 평소에도 대인관계가 원만하도록 꾸준히 투자해야 한다.

3.
커뮤니케이션 능력

한국경제신문은 상반기 채용 중인 기업을 다니며 신입사원 20명을 직접 인터뷰해 그들의 합격 비밀을 소개했다. 입사 후 가장 필요한 역량이 무엇이냐는 질문에 34퍼센트가 '커뮤니케이션 능력'이라고 답했다고 한다.

커뮤니케이션 능력이 제일 필요하다고? 먼저 커뮤니케이션의 정의를 알아보자. 커뮤니케이션이란 '인간이 서로 의사, 감정, 사고를 전달하는 일'이다. 같은 언어로 이야기하는데도 불구하고 왜 커뮤니케이션이 어려울까? 사람마다 생각하고 이해하는 범주가 서로 다르기 때문이다. 이해의 범주가 비슷한 사람과는 의사소통이 잘 되지만 이해의 범주가 다르면 상대방의 눈높이에서 설명해야 의사소통을 원활하게 할 수 있다. 하지만 사람들 대부분이 자기 관점에서 이야기하려 하므로 의사가 잘 전달되지 않는 경우가 다반사다.

경력직을 대상으로 한 잡코리아의 설문조사에서 '직장 내에서 커뮤니케이션이 힘들었던 적이 있었나?'라는 질문에 92.1퍼센트의 직장인이 힘들었다는 의사를 표현했다. 회사 내에서도 항상 커뮤니케이션을 하려고 다양한 노력을 해야 한다는 말이다.

내가 다닌 존슨앤드존슨은 입사하면 사장님과 점심식사를 하는 자리가 있다. 만나기 어려운 사장님을 직접 만나 소통할 수 있는 창구를 만드는 것이다. 올림푸스도 사장님이 직접 직급별로 미팅을 진행한다.

포털 사이트에 커뮤니케이션을 검색해보니 쿠팡과 한화 그룹 기사가 나온다. 쿠팡은 커뮤니케이션을 총괄하는 부사장을 영입했고, 한화 그룹은 커뮤니케이션 팀장을 사장으로 승진시켰다고 한다. 두 회사 모두 회사 내부 커뮤니케이션에 문제가 많다는 사실을 알고 그 문제를 해결하고자 파격적 승진과 영입을 시도한 것이다.

이처럼 기업에서 가장 어려워하면서도 중요하게 생각하는 부분은 커뮤니케이션 능력이다. 그러니 여러분도 이를 염두에 두어야 한다.

커뮤니케이션에서 중요한 세 가지

첫째, 경청이 최고의 의사소통 능력이다. 좋은 리더는 경청의 리더십을 가지고 있다. 경청의 리더십은 나와 다른 사람, 그리고 세상과 소통하며 영향력을 주는 기술이다. 말을 너무 많이 한다는 비난은 있지만, 너무 많이 듣는다는 비난을 들어본 적은 없을 것이다. 이처럼 진정한 소통이란 상대방의 말에 귀를 끝까지 기울여 줄 때 가능한 것이다.

둘째, 비언어 커뮤니케이션을 익힌다. 매력 넘치는 유명한 연예인들의 모습을 자세히 살펴보면 그들이 각자 특유의 제스처를 갖고 있다는 사실을 알 수 있다. 한 연구에 따르면 이러한 비언어 커뮤니케이션이 언어만큼이나 이미지와 매력지수를 결정짓는 데 중요한 역할을 한다고 한다.

얼마 전 방영된 <폼나게 가자 - 내멋대로>라는 프로그램에서 김창옥 교수가 앤디에게 프로그램 도중 감사하다는 말을 전했다. 여러 부분에서 스스로 위축돼 있었는데 자신이 말만 하면 앤디가 가장 크게 손뼉을 치면서 박장대소해 자신감을 다시 찾았다고 했다. 이처럼 비언어 커뮤니케이션으로도 상대방을 충분히 감동시키고 설득할 수 있다.

셋째, 이야기하기가 아닌 전달에 집중하라. 와튼 스쿨의 스튜어트 다이아몬드 교수가 쓴 『원하는 것을 어떻게 얻을 것인가?』를 보면 말을 전달하는 방법에도 원칙이 있다고 한다. 다이아몬드 교수의 제자는 늦은 저녁에 맥도날드의 감자튀김이 너무 먹고 싶어 문 닫기 10분 전에 가게에 도착했다. 감자튀김을 주문했는데 마감 시간 직전이라 바삭바삭한 감자튀김이 아닌 눅눅한 감자튀김을 받았다. 학생이 점원에게 바삭바삭한 감자튀김을 달라고 요청하니 점원은 문 닫기 10분 전이라서 안 된다고 했다. 만약 여러분이라면 어떻게 점원을 설득할 것인가?

이 제자는 맥도날드의 슬로건을 이용해 다시 요구했다고 한다. "맥도날드는 항상 손님에게 가장 신선한 음식을 제공한다고 광고하는데, 문을 닫기 10분 전이라서 눅눅한 감자튀김을 제공하는 것은 회사가 지향하는 슬로건과는 다른 것 같다"고 말한 것이다. 그러자 점원은 감자를 새로 바삭바삭하게 튀겨서 줬다고 한다.

이 사례처럼 원하는 것을 얻고자 하는 사람이 상대방의 눈높이에서 대화를 이해하고 메시지를 전달해야 비로소 커뮤니케이션이 된다.

4.
스토리텔링 기법

스토리텔링이란 '스토리Story'와 '텔링telling'의 합성어로 말 그대로 '이야기하라'라는 의미다. 즉 상대방에게 무언가를 알리고자 할 때 재미있고 생생한 이야기로 설득력 있게 전달하는 행위다. 스토리텔링은 면접을 볼 때도 매우 중요하지만, 입사한 후에도 꾸준히 중요하게 생각해야 하는 스킬 중 하나다.

한국 여자 프로 골프를 보는 해외의 시선

한국 여자 프로 골프선수들은 국제 대회에서 항상 선두를 지키는 반면 해외 여자 골프선수들에 비해 인기는 많지 않다. 물론 이들의 실력에 의문을 제기하는 해외 언론은 없다. 다만 선수들의 실력은 좋지만 이야기할 만한 스토리가 없어 상대적으로 회자되지 않아 외국 선수들에 비해 인기가 없다고 한다. 해외에는 선수들의 실제 스토리에 관심을 많이 가진다고 한다.

한 글로벌 기업에 서울대 경영학과를 졸업할 예정인 학생이 지원했다고 가정해보자. 고등학생 때부터 성실했고 대학교에서도 매우 성실하게 공부해 학점은 4.0, 토익은 950점이다. 학교를 다니는 동안 취업을 위해 노력했고 다른 동호회, 아르바이트, 여행 경험은 전혀 없다. 그 시간에 학점 올리기와 토익 시험에 집중했기 때문이다. 과연 이 지원자에게 면접관이 관심을 가질까? 이런 지원자라면 취업을 하기보다 교수 또는 기업 연구원 쪽으로 나가는 것이 더 바람직할 수 있다. 면접관은 감흥 없이 공부만 잘하는, 경험이 없는 지원자에게 별다른 매력을 느끼지 못한다.

스토리텔링 없는 매출 달성

나는 외국계 기업에서 근무할 때 영업과 마케팅 일을 했었기에 주변 선후배 중 성공 사례가 있으면 항상 어떤 방법으로 성공했는지 물어본다. 언젠가 다른 부서의 한 동료가 매출 달성이 쉽지 않은 병원에서 매출을 잘 냈다는 이야기를 들은 적이 있다. 동료에게 매출 성장의 노하우를 물어봤지만 특별한 방법이 없었는지 말을 하지 않았다. 처음에는 '부끄러워서 그런가 보다' 했다. 그 후 다른 식사 자리에서 정말 궁금하니 그 과정을 이야기해달라고 요청했지만 그때도 그 동료는 이야기를 하지 않았다.

나는 그 동료가 열심히 하지 않아서 말을 하지 않은 것이 아니라 특별한 스토리가 없어 이야기를 해주지 않았다고 생각한다. 일을 열심히 하긴 했지만, 남들 앞에서 나만의 전략이나 방법으로 노력한 덕분에 좋은 결과가 나왔다는 스토리가 없는 것이다.

이런 경우 회사 내 마케팅 팀에서도 성공 사례를 공유해달라고 요청하지 않는다. 외국계 기업에서는 스토리 없이 열심히 일만 하는 직원을 높게 평가하지 않는다. 매출뿐 아니라 다른 직원에게 좋은 영향력을 줄 수 있는, 리더십이 있는 인재를 더 원하기 때문이다.

존슨앤드존슨 해외 트레이닝 프로그램

존슨앤드존슨에서 근무할 당시 광주광역시로 발령을 받은 적이 있다. 회사 내부 규정상 거의 모든 직원이 지방에서 2년 정도 근무하는 것이 의무였다. 이때 전임자에게 인수인계 받은 병원은 매출이 목표대비 80퍼센트 정도밖에 안 되는 곳들뿐이었다.

그중 가장 큰 거래처인 전남대학교병원에서 매출이 가장 나지 않았다. 이유는 알고 있었지만 한 번에 만회할 수 있는 것은 아니었다. 이 때문에 고민하던 중 병원 수술실 앞에 놓인 큰 TV와 수술 진행 사항을 자세하게 볼 수 있는 특수 카메라 등의 고가 장비가 눈에 띄었다. 그런데 전혀 사용하지 않고 있었다. 방사선사 선생님에게 왜 장비를 설치했는지 묻자 자기도 잘 모른다고 대답했다.

얼마 후, 유명한 교수님과 대만 출장을 같이 가게 됐다. 출장 중 교수님에게 고가의 장비를 설치한 이유를 물어보니 독일처럼 수술을 체계적으로 교육하는 글로벌한 트레이닝 센터를 만들고 싶어서 구매한 것이라고 했다. 그 프로그램을 내가 진행하겠다고 제안하니 교수님은 흔쾌히 승낙했다.

대만 직원들과 미팅 중에 회사 직원인 메기에게 한국의 대학병원에서 트레이닝 프로그램을 진행하려 하는데 일 년에 몇 번 정도 대만 교수님들을 모시고 참가할 수 있느냐고 물었다. 메기는 다섯 명에서 여덟 명 정도의 인원으로 1년에 두 번 정도 참여할 수 있다고 했다.

마지막으로 그 프로그램을 진행하는 데 가장 큰 걸림돌이 무엇인지 물어보니 예산 문제가 있다고 했다. 그래서 한국으로 돌아오자마자 상무님께 해당 프로그램을 진행할 예산 품의를 올려 승인받았다. 다행히 한국이 홍콩과 대만의 본사여서 본사에서 승인하면 다른 국가의 예산도 집행할 수 있었다.

이렇게 전남대학교병원에 해외 트레이닝 센터가 생겼고, 이후에 대만에서 두 번, 홍콩에서 한 번, 한국에서 한 번 등 1년 동안 총 네 번의 트레이닝 프로그램을 진행했다. 프로그램을 진행하다 보니 자연스럽게 매출 상황도 매우 좋아졌다. 이후 올림푸스, 와이브레인에서도 같은 방법으로 프로그램을 진행했고, 교수님의 반응은 언제나 좋았다.

나는 '을'로서 일하고 싶지 않았다. 교수님들과 파트너로서 일하고 싶었다. 그래서 나를 파트너로 인정해준 교수님들과 교육 프로그램을 진행한 경험이 경력에 큰 도움이 되었다. 물론 이 방법만이 정답은 아니다. 하지만 스토리가 있다는 것이 나와 동료의 다른 점이었다. 여러분도 대학생 때의 스토리, 인턴십 경험 스토리를 이야기하고 그때 무엇을 배웠고 어떤 점이 아쉬웠는지 면접관에게 말해보자.

지금의 노력이 입사 후에도 여러분을 회사에서 필요로 하는 인재로 만들어준다. 스토리텔링이야말로 자신을 홍보하는 가장 효과적인 방법이므로 취업을 준비하는 지금부터 연습해야 한다.

5.
그루밍은 기본이다

타고난 얼굴은 어쩔 수 없지만, 깔끔한 인상만으로도 첫 만남에서 충분히 매우 높은 점수를 받을 수 있다. 부스스한 머리에 삐져나온 코털, 잘 다려지지 않은 셔츠 차림으로 면접에 오는 지원자를 보면 어떨 것 같은가? 반대로 자신에게 어울리는 멋진 헤어스타일에 깔끔하게 정리된 눈썹, 상황에 맞는 단정한 옷차림이면 몇 배 더 좋은 인상을 줄 수 있다. 글로벌 기업을 노리는 인재가 능력을 갖춘 다음 반드시 챙겨야 할 것이 '그루밍'이다.

외모에 관심이 많은 남성이라면 '그루밍Grooming'이라는 단어를 한 번 정도는 들어봤을 것이다. 원래 그루밍은 마부groom가 말을 빗질하고 씻기는 데서 유래한 단어로 차림새나 몸단장을 의미한다. 그러다 시대의 변화에 따라 여성의 전유물이던 패션이나 뷰티에 관심을 두고 외모를 가꾸는 데 투자를 아끼지 않는 남성이 늘어나면서 이들을 가리키는 '그루밍족'이라는 신조어가 생겨났다.

취업을 처음 준비하는 대학생들은 취업하는 데는 능력이 중요할 뿐 그루밍은 중요하지 않다고 생각할 수도 있다. 하지만 나는 글로벌 기업의 인재라면 그루밍에 소홀하면 안 된다는 것을 직접 경험했다. 부장급까지는 아직 그루밍에 신경을 쓰지는 않는다. 하지만 그루밍에 신경 쓰지 않는 임원을 본 적은 거의 없다. 외국계 기업에 근무할 당시 언제 어디서 갑작스럽게 사진을 찍어도 손색이 없을 정도로 머리부터 발끝까지 관리가 매우 철저한 상무님도 보았다.

이렇게 글로벌 기업에서 면접관으로 들어가는 임원이나 팀장급은 대부분 기본적으로 그루밍에 신경을 쓰는 사람들이기 때문에 지원자의 외모도 본다. 한 예로 외국계 의료기기 업체에서 근무할 당시 겨울에 팀장님과 함께 유명 대학교 병원장님과 미팅을 한 적이 있다. 우리 회사와 관계가 아주 돈독하고 팀장님과는 정말 친한 사이로, 그 역시 나이가 있지만 관리를 워낙 잘해서 만날 때마다 조지 클루니처럼 멋있다는 느낌을 받았다.

하루는 미팅 때 병원장님이 팀장님이 입고 온 옷이 마음에 들지 않았는지 길게 말하지는 않았지만 옷에 신경을 좀 쓰라고 언질을 했다. 같이 다니는 사람의 옷차림이 자신의 품위를 떨어뜨릴 수 있다고 생각한 듯하다.

면접에서도 마찬가지다. 면접관들은 여러분이 회사에 입사해 같이 일할 때 다른 사람 눈에는 회사 이미지가 어떨지, 또 부서장들과 여러 방면에서 어울릴 수 있을지를 떠올릴 것이다. 흔히 남자는 미인을 좋아한다고 하지만, 깔끔하게 잘 관리하는 선배 또는 후배도 좋아하기 마련이다. 성별을 떠나 인간은 아름다운 것에 현혹될 수밖에 없다.

부끄럽지만, 나도 외국계 기업에 근무할 때 패션 감각이나 스타일이 좋지 않아서 선배나 유학파 출신 후배들에게 많은 조언을 받으면서 조금씩 바뀌나갔다. 물론 선후배들이 먼저 직접 조언을 해준 것은 아니고, 내가 먼저 관심을 두고 계속 물어보니 조금씩 자기들이 알고 있는 비결을 알려줬다. 그래서 지금은 사회생활 초기에 비하면 많이 개선됐다. 물론 아직도 많이 부족해 다양한 변화를 시도하면서 꾸준히 노력하고 있다.

그루밍에서 꼭 챙겨야 할 사항

1. 눈썹 정리와 면도의 중요성

남성은 눈썹만 정리해도 인상이 훨씬 더 깨끗해 보인다. 요즘은 남성용 눈썹 관련 제품도 있고 반영구 문신도 매우 자연스러워 문신을 해도 사람들이 모를 정도니 필요하다면 하기를 추천한다. 또 코나 입 주변만 면도를 하고 목 쪽은 하지 않는 사람들도 있는데, 목 쪽도 필수다.

이 두 가지만 신경 써도 훨씬 더 깔끔하고 깨끗한 이미지를 연출할 수 있다.

2. 남자는 헤어스타일이 절반이다

여자에게 화장이 중요하다면 남자는 헤어스타일에 따라 사람이 엄청나게 달라보일 수 있다. 패션 관련 분야에 종사할 생각이 아니라면 되도록 깔끔한 헤어스타일을 추천한다. 디자이너에 따라 나에게 어울리는 스타일링을 할 수도 있고 못할 수도 있다. 유튜브에 '달인'을 검색하면 많은 디자이너들이 헤어 스타일링 영상을 올려놓았으니 꾸준히 살펴보며 자신과 스타일이 맞는 사람을 찾자. 그리고 일반적으로 한국 남자들은 옆머리가 뜨는 경우가 많으므로 옆머리 위주로 다운 펌만 해줘도 훨씬 더 세련되게 보인다.

여성의 경우 많지는 않지만 간혹 곱슬머리인 지원자를 볼 때가 있다. 선입견일지 모르지만, 스트레이트 펌을 하는 편이 더 프로페셔널하게 보인다. 머리가 부스스하면 말하고자 하는 내용도 제대로 전달이 잘 되지 않을 수 있다. 물론 가장 중요한 것은 소양과 능력이지만, 외모도 간과해서는 안 된다는 말이다.

3. 명품 브랜드만이 패션의 정답일까?

오래 전, 용산 근처의 회사 식당에서 밥을 먹다가 머리부터 발끝까지 루이비통으로 휘감고 들어온 손님을 본 적이 있다. 우리는 보통 '명품'이 그저 좋다고 생각하지만, 세련되게 입는 것과 'Too much' 하게 입는 것은 많이 다르다. 너무 과하지 않은 선에서 다양하게 시도하며 자기 스타일을 가꾸자.

'솔리드 옴므' 같은 어느 정도 가격이 있는 브랜드는 인터넷을 찾아보면 2, 3차 아울렛이 있다. 신세계나 롯데 아울렛에 가도 항상 특가제품이 있으니 관심만 가지면 충분히 저렴한 가격에 멋진 스타일링을 할 수 있다.

'파슨스'라는 남성복 전문 브랜드 대표에게 옷을 잘 입으려면 어떻게 해야 하냐고 물었더니 그는 "많이 입어보고, 사고, 실패해야 한다"고 말했다. 또 성별에 관계없이 크고 중요한 미팅용으로 정장을 한 벌 정도 준비하면 큰 도움이 된다.

4. 피부 관리

젊고 세련돼 보여야 능력도 인정받는 시대다. 그래서 요즘은 외국계 기업이나 글로벌 대기업의 대표도 피부과에 자주 간다고 한다. 5년 전에 내가 다니던 회사의 이사님이 하루는 얼굴이 빨개져서 회사에 왔다. 피부과에서 레이저를 받고 온 것이다. 그렇게 바쁜 와중에도 저녁에 집에 들어가기 전에 PT도 받고 피부 관리도 하는 것을 보고 속으로 많이 반성했다. 피부과에 가는 비용이 비싸다고 생각한다면 저녁에 마스크 팩 한 장 붙이기로 시작해도 충분하다. 인터넷에서 마스크 팩을 주문하면 장당 100원에 살 수 있다. 달에 3,000원으로 피부 관리를 하는 셈이다.

성별에 관계없이 면접 때 지원자의 피부가 좋아 보이면 훨씬 더 생동감 있어 보인다. 잠깐 짧게 대화를 나누는 것으로는 지원자를 제대로 파악하기 쉽지 않기 때문에 면접관들은 어쩔 수 없이 외적인 요소도 함께 보게 된다.

5. 몸매 관리

남자 임원의 경우 간혹 몸매 관리가 되지 않은 사람이 있다. 하지만 같이 일해본, 인정받는 여성 임원 중에 몸매 관리를 하지 않는 사람이 없었다. 여성이 임원까지 올라가려면 남자보다 외적으로도 내적으로도 더 노력해야 하기 때문인 듯하다.

비싼 옷을 사는 것도 자신을 빛나게 하는 방법일 수 있지만, 운동으로 다져진 건강미는 여러분의 가치를 훨씬 더 빛나게 만든다.

이 역시 선입견이지만 면접관도 뚱뚱한 지원자를 선호하는 경우가 드물다. 프로페셔널해 보이지 않기 때문이다.

6.
질문하는 힘

사례 1. 유대인의 질문법

세계 인구의 0.2 퍼센트밖에 차지하지 않는 유대인이 학계, 정치, 경제, 사회, 문화의 흐름을 좌우하는 가장 영향력 있는 민족인 이유를 알고 있는가? 질문을 중시하는 문화로 창의성을 키운 덕분이다. 아인슈타인도 학교에서는 낙오자였지만 그의 어머니는 남과 다른 그의 행동을 창의성으로 인정하고 발전하도록 도왔다.

그럼 유대인이 자녀와의 질문을 통해 얼마나 다른 결과를 만들어 내는지 예시로 알아보자.

전형적인 가족

아빠: 이게 뭐냐?

아들: 자전거잖아요.

아빠: 자전거인 거 누가 몰라? 아빠가 여기 놓지 말라고 했지.
빨리 치워.

유대인 가족

아빠: 복도에서 자건거 세우면 다른 사람이 어떨까?

아들: 지나다니기 불편하겠죠.

아빠: 지나가다 부딪히면 어떻게 되지?

아들: 아프거나 다칠 수도 있어요.

아빠: 그럼 자전거는 어떻게 되고?

아들: 넘어져서 망가지겠죠.

아빠: 그럼 자전거를 어떻게 하는 게 좋을까?

위 대화를 읽으면서 무엇을 느꼈는가? 우리나라 가족 간의 대화는 보통 전형적인 가족에 가깝다. 우리는 올바른 질문을 받지 못한 채 결과만 보고 나무라는 식의 교육 방법에 매우 익숙하다. 그리고 모르는 사이에 그 방법이 맞다고 생각하는 경우를 흔히 봐왔다.

2015년 봄, 서강대학교에서 '외국계 취업 전략 강의'를 한 적이 있다. 그 당시 참가한 학생 수는 약 40명 정도였다. 강의하는 동안 학생들은 분주하게 강의 내용을 받아 적고 수업도 열심히 들었다. 하지만 강의가 끝난 후 질문하라고 했더니 단 한 명도 질문하지 않았다. 아마 받아 적은 것을 들고 집에 가서 찾아보려 한 것 같다. 그래서 한 명 한 명 얼굴을 마주하고 다시 물으니 한두 명씩 질문을 하기 시작했다. 결국에는 10명 넘게 질문을 했다. 이처럼 우리나라 학생들은 질문하기 어려워한다.

또 언젠가 한 학교에서 '조직행동론'이라는 MBA 수업을 수강한 적이 있는데, 학생들 대다수가 수업 시간에 질문을 하지 않으니 교수들도 수업 준비를 태만하게 해오는 경우도 목격했다. 비싼 돈을 주고 학교에 온 직장인도 교수에게 질문을 별로 하지 않는 것이다.

비싼 학비를 내고 양질의 교육을 받지 못하면 결국 학생만 손해다. 반면 해외 학교에서는 교수와 학생이 서로 편하게 질문하고 대답하는 분위기가 형성돼 있다. 그래서인지 외국계 회사에서 근무할 때 만난 선후배들은 질문하기를 어려워하지 않고 매우 편하게 잘했다.

사례 2. 오바마 대통령의 질문

많은 사람들에게 지금까지 회자되는 장면이 있다. 2010년 서울에서 열린 G20 정상회담 폐막식 기자 회견장에 국내외 기자들이 모인 가운데, 오바마 전 미국 대통령이 주최국인 한국 기자들에게 질문할 기회를 주었지만 아무도 질문하지 않았다. 영어로 말하는 게 어려우면 통역도 가능하니 편하게 질문해도 된다는 오바마 대통령의 배려도 있었지만 결국 대한민국 기자 중 그 누구도 질문하지 않았고, 기회는 중국 기자에게 넘어갔다.

사례 3. 영화 <올드 보이>의 틀린 질문

우리에게 매우 잘 알려진 배우 최민식과 유지태가 주연을 맡은 <올드 보이>라는 영화가 있다. 오대수(최민식)는 아내와 어린 딸아이와 사는 평범한 샐러리맨이다. 어느 날 술에 취해 집으로 돌아가는 길에 그는 정체불명의 사내들에게 납치, 감금당한다.

이 영화에 '질문의 중요성'을 알 수 있는 장면이 있다. 영화에서 유지태는 최민식을 무단감금했다가 15년 만에 풀어준다. 그때 유지태의 대사를 보자.

당신의 진짜 실수는 대답을 못 찾은 게 아니야.

자꾸 틀린 질문만 하니까 맞는 대답이 나올 리가 없잖아.

'왜 이유진은 오대수를 가뒀을까?'가 아니라

'왜 풀어줬을까?'란 말이야.

사례 4. 카카오 김범수 의장의 '질문의 중요성'

카카오의 김범수 의장은 "문제를 해결하는 능력보다 문제를 인지하는 능력, 문제를 정의하는 능력이 어마어마하게 더 중요하다"고 말했다.

"리더의 능력은 답을 찾아주는 게 아니라 질문을 할 줄 하는 것 같아요. '이 문제를 풀어 봐'라고 말이죠. '어떤' 문제를 풀어보라고 할지가 경쟁력이고요."

김범수 의장은 영화 <올드 보이>의 유지태의 대사를 듣고 카카오톡의 비즈니스를 생각했다고 한다. 그만큼 질문하는 것이 중요한 능력임을 알 수 있다.

이제 오바마 전 미 대통령 기자 회견과 <올드 보이>의 사례로 질문의 중요성은 인지했다. 그렇다면 왜 우리는 질문을 잘하기가 힘들까? 그리고 질문을 잘하는 것이 왜 필요할까? 경영학의 아버지로 불리는 피터 드러커는 『최고의 질문』이라는 그의 저서에서 '질문'의 중요성을 늘 역설했다. 그는 심각한 오류는 잘못된 답 때문에 생기는 것이 아니라 잘못된 질문을 던져서 생기는 것이며, 급변하고 진화하고 있는, 길을 잃기 쉬운 험난한 이 시대에 세상이 아무리 변해도 이정표와 같은 역할을 하는 것이 '질문'이라고 했다. 우리는 질문을 통해 우리가 가야 할 길의 이정표를 찾을 기회를 얻는 것이다.

면접이 끝나갈 때쯤, 면접관이 지원자에게 마지막 질문을 하라고 이야기하는 경우가 많은데, 이 말에는 크게 두 가지 의미가 있다. 첫 번째 의미는 이미 지원자가 마음에 들었으니 회사에 대해 궁금한 사항이 있으면 물어보라는 것이다. 두 번째 의미는 면접 보는 동안 자신을 충분히 어필하지 못했다고 생각하는 지원자에게 만회할 기회를 준 것이다.

보통 지원자들은 이 좋은 기회를 살리기보다 해외로 출장을 갈 기회가 많이 있냐는 등 평이한 질문을 하곤 한다. 물론 그 질문에 대답해주기 어렵지는 않다. 하지만 면접관은 지원자가 맞는 질문을 했다고 생각할까? 대답은 '그렇지 않다'이다. 면접관의 생각에 맞는 질문을 하기란 참 쉽지 않다. 그래서 질문을 잘하는 것도 지속적인 연습이 필요하다.

사례 5. 『관점을 디자인하라』 저자 박용후 씨에게 한 질문

외국계 회사에 근무할 때 회사에서 『관점을 디자인하라』의 저자 박용후 씨를 초빙한 적이 있다. 나는 그 당시 박용후 씨의 열렬한 팬이었고, 유튜브에서 그의 모든 동영상을 다 찾아봤다. 카카오톡 홍보이사 시절의 이야기부터 다양한 사업군에 대한 새로운 관점의 이야기 모두 매우 흥미로웠다. 함께 강연을 듣던 직장인은 모두

300명 정도였는데, 박용후 씨가 강연을 마치고 질문이 있냐고 하자 잠시 정적이 흘렀다. 아무도 손을 들지 않았다. 그때 내가 손을 들어 질문했다. 사실 강연을 시작하기 전부터 강연 시간 내내 무슨 질문을 할까 계속 고민했다. 책에 나오지 않은 내용을 질문하고 싶었고, 또 책의 내용과 저자의 생각이 일치하는지 확인하고 싶었다.

박용후 씨의 말에 따르면 사람은 돈을 벌면 보통 네 단계로 진화한다고 한다.

첫 번째, 돈을 처음 벌면 명품을 구매한다.

두 번째, 명품을 사도 충족되지 않는 갈증에 취미를 갖기 시작한다.

세 번째, 취미로도 채워지지 않는 갈증에 종교를 믿기 시작한다.

네 번째, 다른 사람을 돕기 시작한다.

박용후 씨에게 위 네 단계 중에 당신은 어떤 단계에 있냐고 물어보았더니 자신은 다 포함돼서 어떤 단계라고 딱 떨어지게 말할 수는 없다고 했다.

강연이 끝난 후, 질문을 하지 않은 선배가 나에게 한 마디 했다.

"민규 씨가 그 질문할 줄 알았어. 실은 나도 같은 질문을 하려 했거든."

머릿속으로 생각하기는 쉽다. 하지만 질문도 습관이다. 끊임없는 질문하기 연습과 실험은 여러분을 더 진화된 단계로 안내해줄 것이다. 면접관이 원하는 지원자의 태도도 마찬가지다. 면접관은 머릿속으로 알고만 있는 사람이 아니라 문제의식을 느끼고, 질문하고, 또 그것을 풀어갈 수 있는 인재를 찾고 있다는 점을 기억하면 도움이 될 것이다.